ADDITIONAL PRACTICE ACTIVITIES

Evelyn F. Brod
University of Cincinnati

Teresa Roig-Torres
University of Cincinnati

to Accompany

¡ARRIBA!

Comunicación y cultura

Fifth Edition

Eduardo Zayas-Bazán
Emeritus, East Tennessee State University

Susan M. Bacon
University of Cincinnati

Holly J. Nibert
Western Michigan University

PEARSON

Prentice Hall

woRLd Languages

Upper Saddle River, New Jersey 07458

A SRM, JTB, FEB, JOV, SLW, and ARW con todo mi amor.

EFB

A Rick y a Claudia.

TRT

Publisher: *Phil Miller*
Editorial Supervisor/Assistant Development Editor: *Debbie King*
Director of Marketing: *Kristine Suárez*
Director of Editorial Development: *Julia Caballero*
Development Editor: *Janet García-Levitas*
Development Editor for Assessment: *Melissa Marolla Brown*
Production Supervision: *Nancy Stevenson*
Composition/Full-Service Project Management: *Natalie Hansen and Sandra Reinhard, Black Dot Group*
Assistant Director of Production: *Mary Rottino*
Supplements Editor: *Meriel Martínez*
Senior Media Editor: *Samantha Alducin*
Prepress and Manufacturing Buyer: *Christina Amato*
Prepress and Manufacturing Assistant Manager: *Marianne Gloriande*
Interior Design: *Black Dot Group*
Cover Art Director: *Jayne Conte*
Art Manager: *Maria Piper*
Marketing Coordinator: *William J. Bliss*

This book was set in 11/14 Meridian Roman by Black Dot Group and was printed and bound by Bind-Rite Graphics. The cover was printed by Bind-Rite Graphics.

© 2008 by Pearson Education, Inc.
Upper Saddle River, NJ 07458

Printed in the United States of America
10 9 8 7 6 5 4 3 2 1

ISBN: 0-13-233629-4 / 978-0-13-233629-1

Pearson Education LTD., *London*
Pearson Education Australia PTY, Limited, *Sydney*
Pearson Education Singapore, Pte. Ltd.
Pearson Education North Asia Ltd., *Hong Kong*
Pearson Education Canada, Ltd., *Toronto*
Pearson Educación de Mexico, S.A. de C.V.
Pearson Education—Japan, *Tokyo*
Pearson Education Malaysia, Pte. Ltd.
Pearson Education, *Upper Saddle River*, New Jersey

CONTENTS

PREFACE

The *Additional Practice Activities* that accompanies *¡Arriba! Comunicación y cultura,* Fifth Edition, promises both instructor and student a potpourri of supplementary activities to excite and challenge. We're off on a carousel of fun-filled activities. We invite you to journey with us as we provide dynamic ready-made extra materials to facilitate the work of the instructor and increase student interest and motivation. Come along as we introduce a wide spectrum of activities, from unusual word searches and unconventional crossword puzzles (some have clues with pictures rather than words; others have secret messages), to fairy tales and poetry! There are mystery and adventure in some activities, surprises in others! Get ready for the expected and the unexpected.

The *Additional Practice Activities* offers variety to the material presented in the *¡Arriba!* text by introducing exercises ranging from form-focused to communicative. These different activities appeal to the multiple learning styles of students as well as to the different teaching styles of instructors. Along with games and puzzles, there are fill-in-the-blank exercises; paired activities; speaking activities, including debates; and creative writing opportunities, among others. The *Additional Practice Activities* is a rich resource for the classroom experience.

The exercises in the *Additional Practice Activities* reinforce linguistic structures presented and regularly repeated in class. The contextualized activities link directly to the *¡Arriba!* text to support learning through extra practice and subsequent reinforcement of vocabulary, structures, themes, communicative objectives, and cultural emphases. As an added bonus, the exercises available in the *Additional Practice Activities* can be easily used for periodic review of the material, or by students who desire extra practice.

The *Additional Practice Activities* consists of fifteen chapters corresponding to the fifteen chapters of the *¡Arriba!* text. Each chapter focuses on the structures and other features of the *¡Arriba!* chapter, and uses titles parallel to those in the text for easy reference. For example, Capítulo 1 begins with "The Spanish alphabet," "The numbers 0–100," and follows the text titles through to "Subject pronouns and the present tense of *ser* (to be)." Each titled section is comprised of several new activities, such as those mentioned earlier, for supplemental practice. The last part of each chapter in the *Additional Practice Activities* is divided into four new sections. The first is "Palabras nuevas," with the subheading of "¡Así se dice!" This section engages students with innovative vocabulary practice. Next comes "¡Así conversamos!," a section posing situations or dilemmas for paired or group activity conversation. "¡Así escribimos!" asks students to write on an original topic congruent to a theme, topic, idea, or focus in the *¡Arriba!* chapter. And finally, "¿Ya lo sabes todo?," subtitled "¡Así lo aplicamos!," has students "pull it all together" and make final "connections" in a newly contextualized format which summarizes and brings closure to all the objectives of the *¡Arriba!* chapter.

At the end of the *Additional Practice Activities* is an Answer Key. This helps students to self-monitor their language acquisition skills and encourages them to evaluate the work they are doing in the supplement and how well they are accomplishing and mastering the language objectives of the text and the course. The answers reflect the fact that students are provided with opportunities for language learning through both controlled exercises and self-expression exercises.

This, then, is the *Additional Practice Activities* to accompany *¡Arriba! Comunicación y cultura*, Fifth Edition. We hope that you enjoy joining us on this adventure and that we achieve our goal in writing the *Additional Practice Activities*, namely to provide an exciting resource for instructors and students to enhance the second language teaching and learning experience.

We would be remiss were we not to thank all the wonderful people at Pearson Prentice Hall and Black Dot Group for their confidence, encouragement, support, and hard work. We are particularly grateful to Bob Hemmer and Meriel Martínez at Pearson, and Natalie Hansen at Black Dot. We sincerely appreciate the efforts of all others, such as copy editors and artists, whose creativity, experience, and intelligence have brought the *¡Arriba! Additional Practice Activities* to fruition. Thank you one and all!

So let's begin. Onward and upward! *¡Arriba! Additional Practice Activities* is now yours.

Evelyn F. Brod
Teresa Roig-Torres

1 Hola, ¿qué tal?

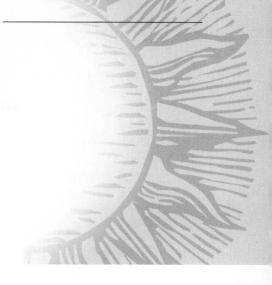

1. The Spanish alphabet

1-1 ¿Cómo se escribe? Your friend doesn't know much Spanish and keeps asking you to spell Spanish words. Help him/her out by spelling these words he/she needs for a composition.

MODELO: zona
zeta-o-ene-a

1. gazpacho _____

2. kilómetro _____

3. béisbol _____

4. Honduras _____

5. Fernando _____

6. química _____

7. yo _____

8. jota _____

9. vamos _____

10. México _____

1-2 Las capitales. Your geography teacher always spells the capitals of countries. It's a game he likes to play with his students. Write the correct capitals of these Hispanic countries from their spelling so you can finish some maps you are drawing.

MODELO: Ce-a-ere-a-ce-a-ese, Venezuela
Caracas

1. Ele-a Pe-a-zeta, Bolivia _____

2. Cu-u-i-te-o, Ecuador _____

3. Eme-a-de-ere-i-de, España _____

4. A-ese-u-ene-ce-i-o con acento-ene, Paraguay _____

5. Ese-a-ene Jota-o-ese-e con acento, Costa Rica _____

1-3 ¿Quién soy yo?   Spell your complete name here, first, middle, and last.

First   _____

Middle   _____

Last   _____

2. The numbers 0–100

1-4   Problemas de matemáticas.   Write these math problems completely in Spanish. Say them aloud as you write. Here's some help:

| **más (+)** | **menos (−)** | **por (×)** | **entre / dividido por (÷)** | **son (=)** |

Modelo: $2 \times 5 = 10$
          Dos por cinco son diez.

1. $75 - 50 = 25$ _____

2. $30 + 40 = 70$ _____

3. $100 - 16 = 84$ _____

4. $101 - 1 = 100$ _____

5. $15 \div 3 = 5$ _____

6. $30 \times 2 = 60$ _____

7. $44 \div 11 = 4$ _____

8. $14 \times 2 = 28$ _____

9. $13 + 4 = 17$ _____

10. $1 + 1 = 2$ _____

1-5 BINGO, un juego (*game*) de números.   You are the caller in BINGO. Call the following card out loud, letters and numbers. Then write out all the numbers in the "B" column.

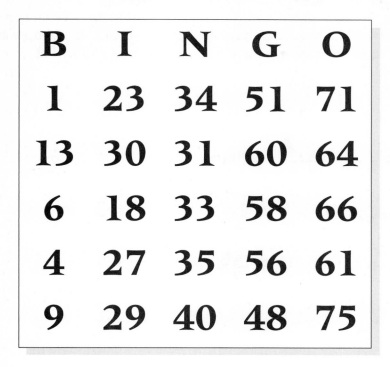

Write the numbers in the "B" column here.

_____

_____

_____

_____

_____

1-6 ¿Cuál es el número de teléfono?   You are in Madrid and you have to write down these telephone numbers from the Madrid tourist guide.

1. El teléfono turístico 902 202 202 _____

_____

2. Patronato Municipal de Turismo 91 588 29 00 _____

_____

3. Now write your own telephone number here to give to your local guide. _____

_____

Nombre: _____ Fecha: _____

3. The days of the week, the months, and the seasons

1-7 Los días de la semana.   The inside job. Which servants did it? You are Watson. Both you and Sherlock Holmes are in Spain at the estate of wealthy Don Veraniego. Many items are missing from the estate. Don Veraniego has four servants. Filling in the missing days of the week which the thieves erased from the schedule will lead you to the days they were really there and give you their initials.

MODELO: lunes, _____, miércoles
lunes, *martes,* miércoles

1. martes, _____, jueves

2. viernes, _____, domingo

3. domingo, _____, martes

4. jueves, _____, sábado _____

In order, the first letter of each of the days of the week gives you the initials of the two servants. Circle the correct initials.

MSL   VD

JM   LMM

1-8 Mi horóscopo.   Madame Zenda is reading your mind and sending you messages telepathically. Read and write the dates and the months of the following astrological signs she is communicating to you.

MODELO: Tauro: (del 20/4 al 20/5)
del veinte de abril al veinte de mayo

1. Sagitario (del 23/11 al 21/12) _____

2. Cáncer (del 21/6 al 22/7) _____

3. Acuario (del 21/1 al 18/2) _____

4. Virgo (del 23/8 al 22/9) _____

5. Piscis (del 19/2 al 20/3) _____

1-9 Los calendarios.   You are studying Spanish and discussing a variety of celebrations. Tell the day and the date of those that follow. Then write the season of the year.

JANUARY

L	M	M	J	V	S	D
1	2	3	4	5	6	7
8	(9)	10	11	12	13	14
15	16	17	18	19	20	21
22	23	24	25	26	27	28
29	30	31				

San Marcelino

MODELO: *Es el martes, nueve de enero.*
Es el invierno.

1. DECEMBER

L	M	M	J	V	S	D
					1	2
3	(4)	5	6	7	8	9
10	11	12	13	14	15	16
17	18	19	20	21	22	23
24	(25)	26	27	28	29	30
31						

El primer día de Jánuka

La Navidad

_____

_____

2. APRIL

L	M	M	J	V	S	D
						1
2	3	4	5	6	7	8
9	10	11	12	13	14	15
16	17	18	19	20	21	22
(23)	24	25	26	27	28	29
30						

El cumpleaños de la profesora de español

_____

_____

Nombre: _____ Fecha: _____

3.   JULY

L	M	M	J	V	S	D
						1
2	3	(4)	5	6	7	8
9	10	11	12	13	14	15
16	17	18	19	20	21	22
23	24	25	26	27	28	29
30	31					

El Día de la Independencia en los Estados Unidos

_____

_____

4.   SEPTEMBER

L	M	M	J	V	S	D
					1	2
3	4	5	6	7	8	9
10	11	12	13	14	15	(16)
17	18	19	20	21	22	23
24	25	26	27	28	29	30

El Día de la Independencia en México

_____

_____

5. _____ (¿?)

L	M	M	J	V	S	D

Mi cumpleaños

_____

_____

4. Nouns and articles

LOS ARTÍCULOS DEFINIDOS	
el	la
los	las

LOS ARTÍCULOS INDEFINIDOS	
un	una
unos	unas

1-10 ¿Qué necesitan?   Use the definite article with the noun to indicate what the students need for their classes.

MODELO: _____ papel
              el papel

Necesitan…

1. _____ diccionario.

2. _____ calculadora.

3. _____ bolígrafos.

4. _____ lápiz.

5. _____ libros.

6. _____ computadoras.

7. _____ lección.

8. _____ mochila.

9. _____ cuadernos.

10. _____ disco compacto.

1-11 En la clase de español. ¿Qué hay en la clase?   Use the indefinite article with the noun.

MODELO: _____ estudiantes
              unos estudiantes

Hay…

1. _____ mapas.

2. _____ sillas.

3. _____ reloj.

4. _____ mesa.

5. _____ pizarras.

6. _____ papeles.

1-12 ¿Qué necesitas para la clase?   What do you need for class? Fill in the blanks with the correct indefinite article.

1. Necesito _____ cuaderno.

2. Necesito _____ mochila.

3. Necesito _____ libro.

4. Necesito _____ calculadora.

5. Necesito _____ lápiz.

6. Necesito _____ computadora.

7. Necesito _____ bolígrafo.

8. Necesito _____ disco compacto.

9. Necesito _____ diccionario de español.

1-13 ¿Qué más necesitas? Now rewrite the sentences in activity 1-12 in the plural. Make sure you make all the necessary changes.

1. _____

2. _____

3. _____

4. _____

5. _____

6. _____

7. _____

8. _____

9. _____

1-14 En la universidad. Your teacher's secretary forgot to type in the correct form of the definite or indefinite articles. Complete the paragraph for her.

En (1) _____ clase de español hay (2) _____

pizarra. (3) _____ profesora de español necesita

(4) _____ libro de español. (5) _____ estudiantes

necesitan (6) _____ libros, (7) _____ lápices y

(8) _____ mochilas. (9) _____ lunes necesitan

(10) _____ diccionario para (*for*) (11) _____

palabras difíciles (*difficult*). En (12) _____ mesas de

(13) _____ hombres y (14) _____ mujeres en

(15) _____ clase hay (16) _____ mapas. Todos

(17) _____ días (*Every day*) necesitan (18) _____

cuadernos.

1-15   Los artículos definidos.   Your teacher gives you a "pop" quiz. You have to place the appropriate definite article in front of the following phrases. Good luck!

MODELO: _____ cuaderno marrón
el cuaderno marrón

1. _____ profesora interesante

2. _____ libro fascinante

3. _____ pizarra verde

4. _____ mesa grande

5. _____ papel blanco

6. _____ bolígrafo azul

7. _____ silla pequeña

8. _____ estudiante trabajador

9. _____ mochila gris

1-16   Los artículos en plural.   Now rewrite the phrases in activity 1-15 in the plural. Make sure you make all the necessary changes.

MODELO: *los cuadernos marrones*

1. _____

2. _____

3. _____

4. _____

5. _____

6. _____

7. _____

8. _____

9. _____

Nombre: _____ Fecha: _____

1-17 ¿Qué necesitamos para la clase de español? What do we need for Spanish class? Your professor is telling you what you need to have for your Spanish class. Use definite or indefinite articles as needed.

Buenos días. Ustedes necesitan para la clase de español (1) _____ libro de

texto y (2) _____ cuaderno de ejercicios (*exercises*) para el laboratorio de

lenguas (*languages*). También (*also*) necesitan (3) _____ diccionario de

español-inglés, (4) _____ cuaderno para sus notas,

(5) _____ lápices y (6) _____ bolígrafos. No se

olviden de (*forget*) completar (7) _____ tarea (*homework*) todos los días.

5. Adjective form, position, and agreement

1-18 Las descripciones. Your friend, Juan, is writing a description in Spanish of some of his classmates. Juan is having some problems making the adjectives agree with the nouns. You need to help him. Provide the correct form of the adjectives.

MODELO: La Dra. Soler es una profesora _____. (interesante)
La Dra. Soler es una profesora *interesante*.

1. Elena es una estudiante _____. (inteligente)

2. María y José son unos estudiantes _____. (trabajador)

3. Jaime es una persona _____. (simpático)

4. Elisa y Sara son unas estudiantes _____. (español)

5. Arturo es una persona _____. (responsable)

1-19 Gabriel tiene más.   Gabriel and Claudia are friends in college. They have many things, but the problem is that Gabriel always says he has more than Claudia.

MODELO: **Claudia:** Tengo (*I have*) una profesora inteligente.
            Gabriel: Yo tengo *cuatro profesoras/es inteligentes.*

1. Claudia: Tengo un disco compacto fascinante.

   Gabriel: Yo tengo _____.

2. Claudia: Tengo una clase interesante.

   Gabriel: Yo tengo _____.

3. Claudia: Tengo un libro muy bueno.

   Gabriel: Yo tengo _____.

4. Claudia: Tengo una amiga muy simpática.

   Gabriel: Yo tengo _____.

5. Claudia: Tengo un diccionario grande.

   Gabriel: Yo tengo _____.

6. Claudia: Tengo una mochila pequeña.

   Gabriel: Yo tengo _____.

7. Claudia: Tengo un reloj caro.

   Gabriel: Yo tengo _____.

6. Subject pronouns and the present tense of *ser* (to be)

1-20 Los pronombres personales.   Complete the exercise using the appropriate subject pronoun.

MODELO: Marta _____
            Marta _____*ella*_____

1. María y yo _____

2. Ricardo, Juan y Elena _____

3. Elena y Carmen _____

4. Tú y Juan _____ (Latinoamérica)

Nombre: _____ Fecha: _____

5. José y Marga _____

6. Tú y Davinia _____ (España)

7. Cecilia _____

8. Carlos _____

1-21 ¿Tú, usted, vosotros/as, o ustedes? Tell what form of address you would use with the following people.

1. Your brother _____

2. A group of friends from Spain _____

3. Your parents _____

4. Two of your grandparents' friends _____

5. Your friend _____

6. Your doctor _____

7. The president of your university _____

1-22 ¿Cómo es? Select someone from your classroom to be your partner for this activity. First, write a short description of your partner including as many characteristics as you think he/she has. After you finish the description, tell him/her each characteristic one by one and he/she will reply by agreeing or disagreeing.

MODELO: **E1:** *Eres organizado/a.*
E2: *Es cierto.* (It is true.)
E1: *Eres perezoso/a* (lazy).
E2: *No es cierto. Soy trabajador/a.*

_____

_____

_____

_____

_____

Palabras nuevas

1-23   Los colores y el arte.   Put on your beret and grab your paint palette. You are Picasso for a day! Using crayons, colored pencils, or highlighting markers, draw your own abstract modern art painting in the frame below. Use at least six different colors, and then, in the spaces to the right, write the names of the six colors you have used in your painting.

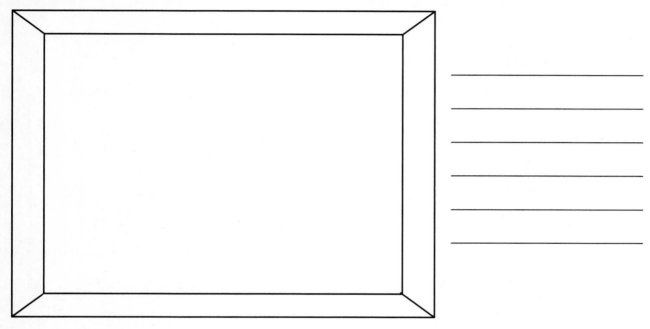

_____

_____

_____

_____

_____

_____

1-24   Asociaciones.   What colors do you associate with the following things?

1. un limón   _____

2. unas plantas   _____

3. un océano   _____

4. unos dólares   _____

5. una banana   _____

6. unos vaqueros (*jeans*)   _____

7. el café   _____

8. una computadora   _____

9. un libro   _____

1-25 Veo, veo. This is a game that young people play in the Hispanic countries. You have to guess the object that the person has picked. The student who guesses the object is the next to be the lead student. Let's play with the whole class.

MODELO: **E1:** *Veo, veo.*
       Clase: *¿Qué ves?*
       E1: *Una cosa.*
       Clase: *¿De qué color?*
       E1: *Rojo.*
       Clase: *La mochila de John; el cuaderno de Betsy*, etc.

1-26 ¡Así se dice! (*That's how we say it!*) Give the vocabulary word that these phrases describe.

1. Es la palabra al final de una conversación. _____

2. Es una persona que enseña (*teaches*) español. _____

3. Es el número después del catorce. _____

4. El día de la semana antes del domingo es _____.

5. Es el último mes del año. _____

6. Es el objeto que uso para hablar con mis amigos a distancia. _____

7. Los colores de la bandera (*flag*) norteamericana son el rojo, el _____

   y el _____.

8. Un estudiante que no estudia mucho o no trabaja es _____.

9. Mi amigo no es tonto (*stupid*). Él es _____.

10. Tengo algo para llevar (*carry*) todos mis libros, cuadernos y bolígrafos. Es mi

    _____.

11. Mi libro de español cuesta (*costs*) cien dólares. No es barato. Es _____.

12. El objeto de la clase con muchos países (*countries*), capitales, océanos, lugares (*places*), etc. es

    _____.

13. Es mi día especial. Tengo diez y nueve años hoy. ¡Celebro con mis amigos! Es

    _____.

¡Así conversamos!   (That's how we converse/talk!)

1-27 Presentaciones.   Complete the following introductions. First, walk around the class and introduce yourself to as many people as possible. When your instructor indicates, find a classmate to be your partner for the second part of this activity. You and your partner walk around the class. You introduce him/her to as many people as possible. Take turns introducing one another.

¡Así escribimos!   (That's how we write!)

1-28 Un anuncio personal.   Your friend wants to place a personal ad in a newspaper and wants to make sure the ad is interesting. He/She has asked you to write as complete a description of him/her as possible.

Using some of the vocabulary you have learned:

      Introduce him/her.
      Say when his /her birthday is.
      Describe what he/she is like.
      Talk about his/her favorite day(s) of the week, month(s), or season(s).
      Talk about his/her favorite class(es).
      Include one more thing that is not on this list.

_____

_____

_____

_____

_____

_____

¿Ya lo sabes todo?   (Do you know everything now?)

1-29   ¡Así lo aplicamos!   (*That's how we apply it!*) Answer these questions in **complete** sentences in Spanish.

1. ¿Cómo se llama usted?

   _____

2. ¿Cuántos son 64 − 26? (*Note: Write out all numbers.*)

   _____

3. ¿Qué día es hoy? ¿Qué mes es? ¿Qué estación del año es?

   _____

4. ¿Cuándo es tu cumpleaños?

   _____

5. ¿Cuántas pizarras hay en la clase de español?

   _____

6. ¿Cómo es usted?

   _____

7. ¿De qué color es el papel?

   _____

8. ¿De dónde eres?

   _____

2   ¿De dónde eres?

1. Telling time

2-1   ¿Qué hora es?   You are in the train station, and there are lots of clocks. Give the times on the clocks in Spanish. Include phrases for A.M. and P.M.

MODELO:    *Son las tres de la tarde.*

P.M.

1.   A.M.

_____

3.   P.M.

_____

2.   P.M.

_____

4.   P.M. sharp

_____

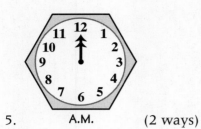

5.   A.M.   (2 ways)

_____

_____

6.   P.M.   (2 ways)

_____

_____

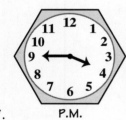

7.   P.M.

_____

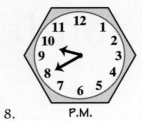

8.   P.M.

_____

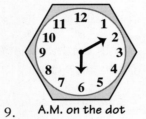

9.   A.M. on the dot

_____

2-2   ¿De la... o por la... ?   Use the correct expression according to the statement.

MODELO: I study <u>in the afternoon</u>.   *por la tarde*
I study at 5:00 o'clock <u>in the afternoon</u>.   *de la tarde*

1. It is 10 o'clock <u>at night (in the evening)</u>.

     _____

2. There is a party on Saturday <u>in the afternoon</u>.

     _____

3. Spanish class is at 11:00 <u>in the morning</u>.

     _____

4. My classes are <u>in the morning</u>.

     _____

2-3 ¿A qué hora? Here is José's class schedule. Write at what time José takes the indicated classes.

MODELO: biología
Es a las diez de la mañana.

HORA	LUNES	MARTES	MIÉRCOLES	JUEVES	VIERNES
9:00	historia		historia		historia
10:00	biología				biología
11:30	español	español		español	
1:15			química		
2:45	matemáticas				matemáticas

1. matemáticas

_____

2. español

_____

3. historia

_____

4. química (*chemistry*)

_____

2-4   La hora.   You are reading the events section of the newspaper. Indicate at what time each event takes place by answering the questions in a complete sentence in Spanish.

1. ¿A qué hora es el partido de básquetbol?

_____

2. ¿A qué hora es la película (*film*) en el Cine Robles?

_____

3. ¿A qué hora es la exhibición de arte de Picasso?

_____

4. ¿A qué hora es el concierto de música sinfónica?

_____

2. Formation of yes/no questions and negation

2-5 ¡Contesta, por favor! You're always curious and forever asking questions. Ask a question here from the indicated statement and then answer it.

MODELO: Tiger Woods es jugador de golf.
¿Es jugador de golf Tiger Woods?
Sí, Tiger Woods es jugador de golf.

1. Enrique Iglesias es cantante (*singer*).

   _____

   _____

2. Celia Cruz es cubana.

   _____

   _____

3. Isabel Allende es de Chile.

   _____

   _____

4. Ricky Martin no es de Portugal.

   _____

   _____

5. Edgar Rentería es jugador de béisbol.

   _____

   _____

2-6 ¿Es verdad? You love being contrary. Make the following statements negative.

MODELO: El profesor es bajo.
El profesor no es bajo.

1. Los estudiantes son perezosos.

_____

2. Mi familia es rica.

_____

3. Soy de Madrid.

_____

4. Jennifer López es alta y fea.

_____

5. Antonio Banderas es doctor.

_____

3. Interrogative words

2-7 Las preguntas. You are doing an interview for the school newspaper. Using one of the interrogative words you have learned, ask a logical question for the statements your interviewee is making.

MODELO: *¿Cómo te llamas?*
Me llamo Eduardo.

1. _____

Estudio física porque es muy (*very*) interesante.

2. _____

Ella es creativa y trabajadora.

3. _____

Necesito una mochila negra para mis clases.

4. _____

Hoy es veinte de octubre.

5. _____

La clase es a las once de la mañana.

6. _____

Estudio informática <u>en la universidad</u>.

7. _____

El bolígrafo rojo es de Susana.

8. _____

Noventa y diez son cien.

9. _____

Es el profesor Suárez.

10. _____

Pedro Almodóvar es de España.

Comparaciones Nombres, apellidos y apodos

2-8 Mis amigos y sus apodos.   These are the nicknames of your best friends. What are their actual names?

MODELO: _____ Lucho
            _____*Luis*_____ Lucho

1. _____ Pepe

2. _____ Mongo

3. _____ Chela

4. _____ Beto

5. _____ Nacho

6. _____ Lola

7. _____ Lupe

8. _____ Charo

4. The present tense of regular *-ar* verbs

2-9 ¿Qué actividades hacen estas (*these*) personas?   Combine the people from Column A with the activities in Column B.

Columna A

1. El profesor de español

2. Mi novio/a (*boy/girlfriend*) y yo

3. Mis padres

4. Yo

5. Tú

6. Mi mejor (*best*) amigo/a

Columna B

estudia todos los días.

trabajan temprano.

practico natación los lunes, miércoles y viernes.

conversamos por teléfono todos los días.

miras la televisión todas las noches.

enseña los verbos regulares.

2-10 ¿Qué hace la familia?   Your grandmother calls your house to see how all your family is doing. She also is curious to know what each of you is doing at the moment and wants you to tell her.

1. Mi hermano/a (*brother/sister*) _____ (estudiar) matemáticas.

2. Mis padres _____ (escuchar) música.

3. Mi novio/a _____ (mirar) la televisión.

4. Yo _____ (conversar) con mis amigos.

5. Nosotros _____ (tomar) café.

6. Mi hermano/a y su amigo/a _____ (hablar) por teléfono.

5. The present tense of regular *-er* and *-ir* verbs

2-11 Querida (*Dear*) amiga…   Rosario is writing a letter to her friend telling her about her life in college. Below are some activities/questions that she has included in the letter. Complete the following sentences with the appropriate verb forms.

1. Yo _____ (vivir) en una residencia en el campus.

2. Mis amigos y yo _____ (asistir) todos los días a clase.

3. En mis clases los estudiantes siempre _____ (escribir) muchas notas.

4. Los fines de semana yo _____ (leer) para mis clases.

5. Los sábados mi amiga Mencha y yo _____ (comer) en restaurantes con amigos.

6. ¿Dónde _____ (comer) tú los sábados?

2-12   ¿Quién lo hace?   Tell who does the following actions. Answer with complete sentences.

El profesor   Nosotros (los estudiantes)

MODELO: estudiar español
              Nosotros estudiamos español.

1. practicar la pronunciación

   _____

2. enseñar la clase

   _____

3. ayudar a los estudiantes

   _____

4. escribir en la pizarra

   _____

5. aprender los verbos

   _____

6. ver videos en el laboratorio de lenguas

   _____

7. mirar el reloj

   _____

8. comprender las palabras

   _____

2-13   La entrevista.   Working with a partner, ask each other the following questions.

1. ¿Qué días asistes a la universidad?

2. ¿Qué clases tomas? ¿Cuál es tu clase favorita?

3. ¿Estudias todos los días?

4. ¿Hablas siempre en español en la clase de español?

5. ¿Practicas mucho en el laboratorio de lenguas?

6. ¿Comprendes siempre al profesor/a la profesora de español?

7. ¿Trabajas después de las clases? ¿Es difícil trabajar y estudiar?

8. ¿Regresas tarde a tu casa?

2-14   El problema de Adriana.   Adriana has a problem with her boyfriend. He does not work very hard in school. Complete the following paragraph with the appropriate verb forms.

Mi novio Alberto (1) _____ (ser) un muchacho guapo y bueno, pero

un poco perezoso. Nosotros (2) _____ (estudiar) en la universidad. Yo

(3) _____ (ser) muy trabajadora. Yo (4) _____ (asistir) a mis

clases siempre y (5) _____ (escribir) toda la tarea. Yo (6)_____

(aprender) mucho y (7) _____ (recibir) buenas notas. Yo no

(8) _____ (comprender) por qué Alberto no (9)_____ (asistir)

siempre a sus clases y no (10) _____ (practicar) en el laboratorio. Él

(11) _____ (deber) estudiar más. Yo (12) _____ (creer) que es

muy importante tener una buena educación.

6. The present tense of *tener* (to have) and the expression *tener que* (to have to)

2-15   La música.   The following people are very interested in music and have lots of compact disks. Indicate the number of compact disks they own by using the verb *tener.*

MODELO: Juan (85)
           Tiene ochenta y cinco discos compactos.

1. Don Miguel (78)

2. Cecilia y tú (51)

_____

3. Gabriel y Elena (23)

_____

4. Doña Mercedes y yo (64)

_____

5. tú (32)

_____

6. Claudia (15)

_____

7. Yo (¿?)

_____

2-16 Mini diálogos.   Complete the following dialogues with the verb *tener* or the expression *tener que.*

Emilio: Carlos, ¿cuántas clases (1) _____ (tú) en la universidad?

Carlos: (2) Yo _____ cuatro clases.

Emilio: Y, ¿cuántos laboratorios (3) _____?

Carlos: (4) _____ un laboratorio de química y

(5) _____ uno de biología.

Emilio: Nosotros (6) _____ mucho trabajo este semestre.

E1:   ¿Qué actividades (7) _____ (tú) hoy?

E2:   (8) Yo _____ trabajar.

E1:   ¿(9) _____ trabajar muchas horas?

E2:   Sí, hoy (10) _____ trabajar ocho horas para ayudar a mi

amigo. Él (11) _____ un examen y

(12) _____ estudiar.

E1:   ¿Cuántas horas (13) _____ trabajar (tú) a la semana?

E2:   (14) Yo _____ trabajar veinte horas a la semana.

2-17   Las obligaciones.   Manuel is saying what he and his friends need to do today. Use the appropriate form of *tener que.*

1. Carlos y José_____ ayudar a su madre (*mother*).

2. Manuel y yo _____ caminar tres millas.

3. Yo _____ leer un artículo para la clase de sociología.

4. Carmen y Bea _____ estudiar para un examen.

5. Tú _____ asistir a clase.

6. Andrés _____ trabajar tarde hoy.

2-18   El Dr. Felipe.   Dr. Felipe will solve all of your personal problems. Complete his column with a form of the verb *tener* or *tener que.*

Querido Dr. Felipe:

(1) Yo _____ veinte años y soy estudiante en la universidad; también trabajo

todos los días en una cafetería. (2) _____ un problema con los estudios y el

trabajo. No (3) _____ tiempo para asistir a las fiestas, para hablar con mis amigos

o practicar deportes. Comprendo que es una situación difícil pero (4) _____

decidir. Quiero (5) _____ mi trabajo, pero también quiero

(6) _____ amigos.

¿Qué debo hacer? ¿Cree usted que yo (7) _____ trabajar menos horas?

Elena

Querida Elena:

Tú (8) _____ un problema. (9) _____ trabajar menos horas y

(10) _____ comprender que los amigos son importantes también.

(11) _____ aprender a trabajar menos y (12) _____ asistir a más

fiestas. No es fácil la solución, pero yo (13) _____ darte (*give you*) mis opiniones

y tú (14) _____ creer en mis consejos (*advice*).

Dr. Felipe

Nombre: _____ Fecha: _____

Palabras nuevas

2-19 ¡Así se dice! Give the vocabulary word that these phrases and sentences describe.

1. Mi padre es de Buenos Aires. Es...

   _____.

2. Roberto llega a la clase de español a las nueve menos cuarto. La clase es a las nueve. Él llega...

   _____.

3. No soy alta; soy...

   _____.

4. Antonio Banderas es guapo, no es...

   _____.

5. Para saber (*learn*) si tengo tiempo para comer antes de mi clase pregunto, ¿Qué... es?

   _____.

6. Para saber el nombre de la muchacha nueva en la universidad pregunto, ¿... te llamas?

   _____.

7. Para saber la capital de España pregunto, ¿... es la capital de España?

   _____.

8. Yo comprendo el idioma de Portugal. Hablo...

   _____.

9. Practico el deporte nacional de los Estados Unidos. Practico...

   _____.

10. Mi clase de japonés no es fácil; es...

   _____.

11. Compro mi libro de geografía en... de la universidad.

   _____.

12. Me gusta Pedro Almodóvar, el director de cine. Es de España; es...

   _____.

¡Así conversamos!

2-20   Nuevo trabajo.   You are looking for a new job that pays more, and you decide to go to an employment agency. Working in pairs, role play the following situations:

E1:   You are the agent in an employment agency and you interview a client. Ask questions using the interrogatives, **¿Qué?, ¿Cómo?, ¿De dónde?,** etc. in order to complete the following form.

E2:   You are looking for a new job and you decide to go to an employment agency. The agent from the agency (your partner) will ask you several questions in order to complete a profile form. Answer the questions, giving as much information as you can.

Nombre: _____

Edad: _____   Nacionalidad: _____

_____ años

Características físicas: _____

Personalidad: _____

Intereses: _____

Materias favoritas: _____

Teléfono: _____

Correo electrónico (e-mail): _____

¡Así escribimos!

2-21   ¡Yo, yo, yo!   Write three paragraphs, as follows:

a. Write a paragraph describing the things you like or dislike.

b. Write a paragraph describing the things you like to do when you are on vacation.

c. Write a paragraph telling the things you have to do during a regular week.

¿Ya lo sabes todo?

2-22 ¡Así lo aplicamos!   Answer these questions in complete sentences in Spanish.

1. ¿Qué hora es?

    _____

2. ¿A qué hora es su clase de español?

    _____

3. ¿Cómo se llama tu profesor/a de español?

    _____

4. ¿Cuál es la fecha de hoy?

    _____

5. ¿Qué estudias en la universidad?

    _____

6. ¿Qué tienes que hacer mañana?

    _____

7. ¿Dónde comes?

    _____

8. ¿Escriben ustedes cartas?

    _____

9. ¿Qué te gusta hacer los sábados por la noche?

    _____

3   ¿Qué estudias?

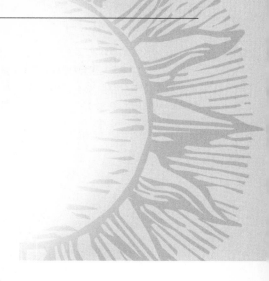

1. The numbers 101–3,000,000

3-1   La subasta.   Your school is having an auction to collect money for community projects. To increase sales, the director decides to lower prices by $50. You are in charge of writing the new prices in Spanish.

MODELO: mesa $523 $ *cuatrocientos setenta y tres*

1. piano $5,467 $ _____

2. silla $230 $ _____

3. escritorio (*desk*) $345 $ _____

4. fax $472 $ _____

5. refrigerador $864 $ _____

6. coche $23,675 $ _____

7. microscopio $565 $ _____

8. computadora $786 $ _____

3-2 Pesetas y euros. María lives in Spain and she is used to pesetas. Now, with the adoption of the euro, she is having some problems. Help her by reading the following chart to her.

1 euro	son	166 pesetas
10 euros	son	1.660 pesetas
20 euros	son	3.320 pesetas
30 euros	son	4.980 pesetas
40 euros	son	6.640 pesetas
50 euros	son	8.300 pesetas
60 euros	son	9.960 pesetas
70 euros	son	11.620 pesetas
80 euros	son	13.280 pesetas
90 euros	son	14.940 pesetas
100 euros	son	16.600 pesetas

2. Possessive adjectives

3-3 ¿Cómo son? Describe how Rocío's family, friends, professors, and work supervisor are. Use possessive adjectives, the verb *ser,* and the correct form of an adjective from the list. Try to use a different adjective each time.

MODELO: *Sus* hermanos *son extrovertidos.*

exigente   aburrido   romántico   inteligente   **simpático**

1. _____ novio _____.

2. _____ compañeros de clase _____.

3. _____ amigas _____.

4. _____ profesores _____.

5. _____ supervisora _____.

3-4 Las fotos. María and Elena went on a trip to Mexico with their families. Now the two friends are showing the pictures to María's boyfriend, Mario. Complete the conversation with possessive adjectives.

MODELO: **María y Elena:** Mario, aquí tienes una foto de _____ amiga, Julia.
          María y Elena: Mario, aquí tienes una foto de *nuestra* amiga, Julia.

Mario:	¿Son las fotos de (1) _____ viaje a México?
María y Elena:	Sí, son las fotos de (2) _____ viaje.
Mario:	¿Quiénes son los señores en esta foto?
María:	Son (3) _____ abuelos (*grandparents*), los padres de

(4) _____ papá. Visitamos a (5) _____ familia

en Guadalajara.

Mario: ¿Quiénes son estos chicos? ¿Son (6) _____ primos (*cousins*),

María?

María y Elena: No, son (7) _____ amigos de Guadalajara.

En esta foto vemos a (8) _____ familias en Acapulco.

Mario: Me gustan mucho (9) _____ fotos. Todas son muy buenas.

3. Other expressions with *tener*

3-5 ¿Qué tienen?   Describe the situation or how these people feel.

MODELO: Juan   *Juan tiene calor.*

1.   Ricardo y Teresa   _____

2.   el señor   _____

3.   Luisa   _____

4.   Enrique y yo   _____

5.   Tú   _____

3-6   ¿Cómo están?   Read the sentences below. Then, use an appropriate *tener* expression to describe these people's feelings or condition.

MODELO: Es la una de la mañana y todavía (*still*) estudio.
               Tengo sueño.

1. Miro una película de Frankenstein muy tarde por la noche.

   _____

2. Los estudiantes indican que la capital del Perú es Lima.

   _____

3. Alicia no almuerza. Son las cuatro y media de la tarde.

   _____

4. La temperatura está a −4° centígrados. ¡Qué frío! Rosa y yo…

   _____

5. Hoy es mi cumpleaños.

   _____

6. La señorita llega tarde a su clase de ciencias políticas. La clase es a las nueve y ya son las nueve y diez.

   _____

7. Estudian la geografía de Arizona en el desierto. La temperatura está a 35° centígrados. No hay agua.

   _____

3-7 La edad.   Tell the age of the following people using the correct form of *tener... años.*

MODELO: Juan (1925)
              Tiene ochenta y dos años. (en 2007)

1. Jorge (1942)

   _____

2. Quique y yo (1956)

   _____

3. Menchu y Maribel (1984)

   _____

4. Tere y tú (1975)

   _____

5. Alex, Clarita y Anita (2000)

   _____

6. Tú (1936)

   _____

7. Yo (¿?)

   _____

4. The present tense of *ir* (to go) and *hacer* (to do; to make)

3-8 ¿Adónde van?   All these university students are on the move. Tell where they are going according to the drawings. Write complete sentences.

Modelo: Ella
Va a la cafetería.

1. Tomás _____

2. Lidia y Elena _____

México

3. Yo _____

4. Vosotros _____

5. Nosotras _____

6. Tú _____

UNAM

7. Usted y Matilde _____

3-9 ¿Qué hacen?   The following people are going to various places. Tell what they do there.

MODELO: Yo voy a la Facultad de Filosofía y Letras.
Estudio español, historia y literatura.

1. Jaime va al restaurante mexicano.

_____

2. Ana y Roberto van al concierto de Carlos Santana.

_____

3. Felipe Calderón, presidente de México, va a Washington, D.C.

_____

4. Tú vas a la librería.

_____

5. Luis siempre va al museo los sábados.

_____

6. Voy a casa a estudiar.

_____

3-10 Una entrevista.   Interview a classmate. Find out what he/she does on Saturdays and Sundays.

MODELO: **E1:** *¿Qué haces los sábados?*
E2: *Trabajo y voy al gimnasio. ¿Y tú?*
E1: *Hago la tarea y como en restaurantes.*
...

3-11 ¡Adivina!   Guess what these people are doing. Use a form of **hacer** in your answers, and do not repeat any answers.

1.   la señorita   _____

2.   mi padre   _____

3.   mi madre   _____

4.   los estudiantes _____

5. The present tense of *estar* (to be)

3-12 ¿Cómo están?   Tell how these people feel from the descriptions given.

MODELO: Están en el hospital.
            Están enfermos.

1. Juan trabaja doce horas en un día.

   _____

2. Eva tiene un examen muy difícil hoy.

   _____

3. Teresa tiene una "A" en español.

   _____

4. Ricardo y Claudia desean mirar la televisión, pero la tele no funciona.

   _____

5. Octavio y Berenice tienen cinco clases y tres exámenes hoy.

   _____

6. Alex no tiene nada (*nothing*) que hacer.

   _____

7. Carmen y Sara están enfermas y no van a la fiesta con su amiga, Frida.

   _____

6. Summary of uses of *ser* and *estar*

3-13 ¿Ser o estar?   Complete each sentence with the correct form of either ***ser*** or ***estar***.

1. Mi novia _____ inteligente y bonita.

2. La biblioteca _____ cerca de la cafetería.

3. El concierto _____ a las siete.

4. Débora _____ en el hospital. _____ muy mal.

5. Francisco y Héctor _____ abogados.

6. _____ otoño. _____ el treinta y uno de octubre.

7. Yo _____ de México. _____ mexicano.

8. El chico _____ aburrido en la clase de matemáticas.

9. ¿De dónde _____ ustedes?

10. La rosa blanca _____ para mi novia.

11. ¿ _____ tú católico?

12. Ángela _____ muy nerviosa porque tiene un examen de cálculo muy difícil mañana. Ella _____ cansada de estudiar.

13. Jacobo y Gabriela _____ en el laboratorio de lenguas.

14. La calculadora _____ de Rafael.

15. Ana _____ enamorada de Martín.

16. _____ las cinco en punto de la tarde.

17. La tarea _____ para el lunes.

18. ¡ _____ fabuloso hablar español!

19. Alejandro y yo _____ estudiantes.

20. _____ muy ocupada. Tengo dos exámenes hoy.

Palabras nuevas

3-14 ¿Qué tienen que estudiar? You are reading a magazine article that tells what academic subjects the following people have to study. List the subjects below.

Modelo: un/a veterinario/a
química, biología, matemáticas

1. un/a doctor/a

_____

2. un/a profesor/a de español

_____

3. un/a profesor/a de historia

_____

4. un/a profesor/a de matemáticas

_____

5. un/a profesor/a de arte

_____

6. un/a profesor/a de sociología

_____

3-15 ¿Qué estudias? We'd like to know some personal information about you. Complete the following sentences for us.

1. Tengo que estudiar _____.

2. No tengo que estudiar_____.

3. Me gusta estudiar _____.

4. No me gusta estudiar _____.

Nombre: _____   Fecha: _____

3-16   Las clases.   Walk around the class asking your classmates if they study the following subjects. Write the name of the person that answers "yes" in each box.

MODELO: **E1:** *¿Estudias arte?*
            E2: *Sí, estudio arte. / No, no estudio arte.*

Arte	Biología	Matemáticas	Historia
Física	Geografía	Informática	Psicología
Ciencias Políticas	Inglés	Comunicaciones	Filosofía

Were you able to complete the chart? Which courses are the most popular?

Los cursos más populares son:

_____

_____

_____

_____

_____

Nombre: _____ Fecha: _____

3-17 ¡Así se dice! Complete the crossword puzzle with the vocabulary word depicted in the drawings.

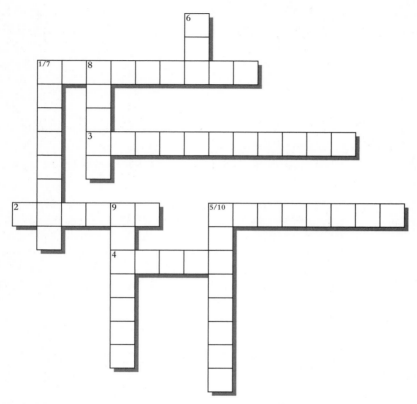

Horizontales   **Verticales**

1.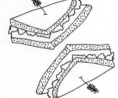

4.

6.

9.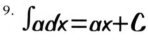

2.

$E = mc^2.$

5.

ingeniería

$\int \tan x\, dx = \ln(\sec x) + C$

7.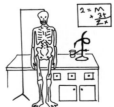

10.

3.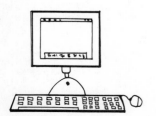

8.

¡Así conversamos!

3-18 Mi profesor favorito.   You and your classmate are talking about your favorite professors. Describe your professors to each other and say why they teach, what they teach, and why they are your favorite professors.

¡Así escribimos!

3-19 Un amigo de México.   You have a pen pal in Mexico and you communicate through e-mail. He is considering attending school in the United States and wants to know about university life. Write to him about your classes, professors, things that you do on a weekday, things that you do on the weekend, etc.

_____

_____

_____

_____

_____

_____

_____

_____

_____

_____

_____

_____

_____

¿Ya lo sabes todo?

3-20   ¡Así lo aplicamos!   Answer these questions in complete sentences in Spanish.

1. ¿Cuántos son setecientos cincuenta y cuatro menos doscientos cuarenta y seis?

   _____

2. ¿Qué año es?

   _____

3. ¿Cuánto cuesta un carro Jaguar?

   _____

4. ¿Cómo son tus clases?

   _____

5. ¿Dónde está usted ahora?

   _____

6. ¿Cuántos años tienes?

   _____

7. ¿Qué bebes cuando tienes mucha sed?

   _____

8. ¿Cómo está usted hoy?

   _____

9. ¿Adónde vas después de las clases?

   _____

10. ¿Cuándo hace usted su tarea de español, por la mañana, por la tarde o por la noche?

   _____

4   ¿Cómo es tu familia?

1. The present tense of stem-changing verbs: *e→ie, e→i, o→ue*

4-1   Una carta electrónica de amor.   Your significant other just wrote you a passionate e-mail love letter, but every time the verbs appeared, the computer malfunctioned. Was it fate? Complete the love letter using the verb cues.

Querido/a:

Yo te (1) _____ (querer), mi amor. (2) _____ (pensar) mucho en ti.

Siempre (3) _____ (soñar) contigo y casi nunca (4) _____ (dormir)

bien. Yo (5) _____ (recordar) que tú (6) _____ (tener) tu cumpleaños

este sábado. Yo (7) _____ (repetir) que te amo y (8) _____ (preferir)

estar siempre a tu lado. Ay, perdón. Mi padre (9) _____ (venir). Un momento, por

favor… Está bien. Observo que la computadora (10) _____ (perder) los verbos.

¿Qué pasa? ¿(11) _____ (almorzar) tú y yo mañana? Yo (12) _____

(jugar) al básquetbol a las tres. Y después (13) _____ (servir) en la cafetería

de la universidad. La comida (14) _____ (costar) poco allí. Yo te

(15) _____ (encontrar) mañana a las doce y media en el centro estudiantil.

No (16) _____ (poder) escribir más ahora. Mi madre no me (17) _____

(entender) y ahora ella (18) _____ (empezar) a llamarme (*call me*).

(19) _____ (tener) que continuar más tarde, pero, mi amor, te amo para siempre.

Por favor, yo te (20) _____ (pedir) perdón. Hasta pronto.

Tu novio/a :-)

(Firma [*Signature*])

4-2 Descubrimiento.   You and your partner are on discovery missions. You must guess your partner's three clandestine activities and he/she wants to find out yours. They don't have to be activities you really do. Who will complete the mission first? You each must use the phrases on the left to write a complete sentence on the lines to the right. Eyes only! No peeking! Each of you will fold the paper over your three secret activities. Then, in turns, ask each other if you do the activities listed, one by one. Mark **sí** or **no** by the phrases, according to whether or not they are on your partner's list. The winner is a real Cristóbal Colón!

MODELO: **E1:** *¿Juegas al golf?*
                E2: *Sí, juego al golf. / No, no juego al golf.*

1. jugar al béisbol/tenis/fútbol   _____

2. servir la limonada   _____

3. preferir café   _____

4. dormir doce horas   _____

5. almorzar todos los días   _____

6. recordar los verbos irregulares   _____

7. pensar en mis tíos en San Salvador, El Salvador _____

8. soñar con estar en América Central   _____

9. pedir películas de misterio   _____

10. empezar a repetir el vocabulario   _____

11. poder visitar el Museo Popol Vuh   _____

12. entender a mi hijo/a / novio/a / suegro/a / yerno / nuera _____

13. encontrar mi pasaporte   _____

14. volver a Guatemala   _____

15. repetir: "Te quiero, mi amor."   _____

2. Direct objects, the personal *a*, and direct object pronouns

4-3   Ayudando a un amigo.   You are tutoring your best friend from El Salvador in English. He/She doesn't know how to identify direct objects. Help him/her understand by underlining the direct objects in the following sentences.

1. I help my sister with her Spanish homework.

2. You visit your parents every weekend.

3. We want the car by tomorrow.

4. They need the drinks for the party.

5. He buys some flowers for his girlfriend.

4-4   Preparativos para una fiesta.   Your cousin is telling you the things he/she and his/her friends do to prepare for a party. Since Spanish is not his/her native language, the sentences are very repetitive. Show him/her how to use direct object pronouns in order to make the sentences less repetitive.

MODELO: Miguel compra un refresco y toma el refresco en su coche.
            Miguel compra un refresco y lo toma en su coche.

1. Elena visita a su novio e (*and*) invita a su novio a la fiesta.

   _____

2. Juan y Marta buscan la música y ponen la música en el coche.

   _____

3. Carmen visita a sus amigos e invita a sus amigos a la fiesta.

   _____

4. Juan compra las bebidas (*drinks*) y lleva las bebidas a casa de María.

   _____

5. María prepara los sándwiches y pone los sándwiches en el refrigerador.

   _____

4-5 Las asignaturas.   Your grandmother wants to know what you'll be studying next term. Tell her if you are going to study the following subjects. Use direct object pronouns in your answers.

MODELO: arte   *Sí, voy a estudiarlo.*
No, no voy a estudiarlo.

1. informática

_____

2. español

_____

3. literatura inglesa

_____

4. cálculo

_____

5. biología

_____

6. geografía

_____

7. matemáticas

_____

8. álgebra

_____

4-6   Tu primer apartamento.   You have recently moved to your first apartment and you are living by yourself. Your friend, who stills lives at home, is very curious about how you manage. Answer his/her questions using direct object pronouns.

Modelo: ¿Cuándo haces la tarea?
La hago por la noche.

1. ¿Tienes fiestas todos los sábados?

   No, _____

2. ¿Limpias (*Do you clean*) tu apartamento todas las semanas?

   Sí, _____

3. ¿Dónde compras tu comida?

   _____

4. ¿Visitas a tus padres con frecuencia?

   Sí, _____

5. ¿Ayudas a tus abuelos ahora?

   Sí, _____

4-7   La *a* personal.   Your little brother erased every personal **a** from your homework and you have to completely redo it. Put the personal **a** back in the blank if necessary.

1. Lorenzo visita _____ su amiga en Nueva York.

2. Ustedes siempre buscan _____ el laboratorio.

3. Carmen y Ramón quieren _____ sus primos mucho.

4. Rodolfo necesita _____ un coche nuevo.

5. Tú ves _____ tus abuelos todas las semanas.

6. Vicente quiere _____ un apartamento más grande.

7. Ellos visitan _____ El Salvador todos los años.

8. Nosotros siempre ayudamos _____ nuestros amigos.

9. Mar tiene _____ dos sobrinos.

10. Carlos necesita _____ su familia mucho.

Capítulo 4   ¿Cómo es tu familia?   **55**

4-8   Las vacaciones de Noelia.   Read about Noelia's trip to Honduras to see her family. She was so excited to describe it, she kept omitting the personal **a.** Help her complete her description by adding the personal **a** wherever she forgot it.

Mi familia es muy unida. Siempre visitamos (1) _____ mis abuelos durante el

verano y también visitamos (2) _____ mis tíos y primos. Ellos viven en

Honduras. Yo sólo veo (3) _____ mi familia durante las vacaciones de verano,

pero los quiero mucho (4) _____ todos. Me gusta visitar

(5) _____ mis primos porque practicamos deportes y salimos todos los días. Mis

primos tienen (6) _____ un perro que se llama Bruno. Me gusta ver

(7) _____ Bruno correr por el parque.

También me gusta ver (8) _____ mis abuelos. Ellos son muy amables y

simpáticos. Mis tíos son excelentes. Siempre ayudan (9) _____ mi familia en

todo. Realmente nuestras vacaciones en Honduras siempre son maravillosas.

Nombre: _____   Fecha: _____

3. The present tense of *poner, salir,* and *traer*

4-9 Los chismes.   Gossip, gossip, gossip. Lola and Clara are talking on the phone. Complete their conversation with the correct form of the indicated verbs.

Lola: Aló.

Clara: Aló, Lola. Oye. Esta noche yo (1) _____ (salir) con Pablo. Vamos a una

función en el parque. ¿Quieres ir con Raúl?

Lola: Sí, claro. Yo llevo *(bring)* los refrescos. ¿Hay un concierto?

Clara: Sí, hay una orquesta. Nosotros (2) _____ (salir) a comer después.

¿Sabes que Beatriz (3) _____ (salir) para Tegucigalpa mañana? Ella y su

novio (4) _____ (salir) de la casa de ella a las tres de la mañana.

Lola: No. ¿Por qué?

Clara: Ella (5) _____ (salir) de viaje con su novio. Y sus padres no lo saben.

Lola: ¡Ay! Es un secreto.

Clara: Sí. Yo te (6) _____ (poner) más información en un mensaje *(message)*

por correo electrónico. El teléfono no es seguro *(safe)*. Te veo en el parque a las siete.

Ah, ¿me (7) _____ (traer) tu diccionario de inglés a mi casa mañana?

Lola: De acuerdo. Adiós.

Clara: Adiós.

4. Demonstrative adjectives and pronouns

4-10 ¡Uno nunca es suficiente!   Make everything that follows plural.

1. Este libro es difícil. Ése es fácil.

   _____

2. Esta computadora es nueva. Aquélla es vieja.

   _____

3. Este diccionario es grande. Aquél es pequeño.

   _____

4. Esa calculadora es muy buena. Aquélla es muy mala.

   _____

5. Esta película es interesante. Ésa es aburrida.

   _____

6. Ese profesor es exigente. Éste es simpático.

   _____

Nombre: _____ Fecha: _____

4-11 ¿Qué hacen los estudiantes?   Look at the drawing of Profesora Ramírez's class and describe what the students are doing by completing the following sentences with the appropriate demonstrative adjective.

Usted está aquí.

1. _____ chicas trabajan.

2. _____ chico no escucha a la profesora.

3. _____ chicos hablan de deportes.

4. _____ chica escribe en su cuaderno.

5. _____ chicos tienen una pregunta.

4-12   Margarita y su novio.   Margarita's boyfriend never agrees with her on where to go or what to do. Completing the sentences using demonstrative pronouns will illustrate their disagreements.

MODELO: ¿Quieres ir a este restaurante?
No, prefiero ir a *éste / ése / aquél.*

1. ¿Quieres ver esta película?

   No, prefiero ver _____.

2. ¿Quieres escuchar esos discos de música latina?

   No, prefiero escuchar _____ de rock.

3. ¿Quieres ir a este concierto?

   No, prefiero ir a _____.

4. ¿Vamos a esa fiesta?

   No, prefiero ir a _____.

5. ¿Quieres comprar estas cervezas (*beers*)?

   No, prefiero comprar _____.

5. *Saber* and *conocer*

4-13   Mis amigos y yo.   You're filling out a questionnaire for your new foreign language club. Complete the following statements with the appropriate information.

1. Yo sé _____.

2. Yo conozco _____.

3. Mis amigos saben _____.

4. Mis amigos conocen _____.

4-14 ¿Qué sabes hacer?   It's time for you to boast a bit. First, list three things you know how to do. When you are done, create three questions with that information.

MODELO: *Sé bailar muy bien.*
              ¿Sabes bailar muy bien?

1. _____.

2. _____.

3. _____.

1. _____.

2. _____.

3. _____.

4-15 Cosas en común.   Using the questions you created in exercise 4-14, interview the members of your class in order to find out how many people have the same abilities as you. Write their names below and find out some extra information. For example, if both of you play soccer, find out where your classmate plays. How often does he/she play?, etc.

_____

_____

_____

_____

_____

_____

_____

_____

_____

_____

_____

Palabras nuevas

4-16 ¡Así se dice!   You've been working on your genealogy. Your name is Ana María. Here's a portion of your family tree. How are the following people related to you?

Yo soy Ana María…

1. Pablo, el menor, es mi _____. Pablo, el mayor, es mi

   _____.

2. Carmen es mi _____.

3. Elena es mi _____.

4. Paco es mi _____.

4-17 Otros miembros de la familia.   Now tell how these people in your family tree are related to each other.

1. Ernesto es el _____ de Gustavo.

2. Paco es el _____ de Teresa.

3. Gustavo es el _____ de Elena.

4. Gustavo es el _____ de Manuela.

5. Manuela es la _____ de Paco.

6. Cristina y yo somos las _____ de Pablo, el mayor.

7. José es el _____ de Pablo, el mayor y Manuela.

4-18 Más miembros de la familia.   Your father just remarried. In this blended family, describe the relationships in Spanish. Be forewarned… this is a mindbender!

1. El hijo de la nueva esposa de tu padre es tu _____.

2. Su nueva esposa es tu _____.

3. Tu padre es el _____ del hijo de su nueva esposa.

4. La esposa del hijo de la nueva esposa de tu padre es la _____ de su nueva esposa.

4-19 Palabras revueltas.   These words got all scrambled up. Unscramble them, and then arrange the circled letters to form one more new word in question 7.

1. cílpeaul   ver en el cine

2. draitpo   … de fútbol, béisbol, etc.

3. atarend   boleto para el cine, el museo…

4. asepra   caminar en el parque

5. loorest   no tener esposo/a

6. gáotrc   muy, muy triste

7. __ __ __ __ __ __   muy cercanos, como miembros de una familia

¡Así conversamos!

4-20 Invitando a un/a amigo/a. You are going to extend an invitation to your partner to go somewhere.

E1: You invite your friend (partner) to go with you to a concert, football game, or some other event. He/She will decline the invitation at first, but you need to insist until he/she accepts it.

E2: Your friend (partner) will invite you to go to some event with him/her. At first you decline the invitation because you have to study for your classes, but he/she insists that you go with him/her. In the end you accept his/her invitation.

¡Así escribimos!

4-21 Un/a estudiante de Guatemala. You and your family will be hosting an exchange student from Guatemala for a year. He/She has already written to you introducing himself/herself and his/her family. Now you need to answer his/her letter and describe your extended family to him/her.

_____

_____

_____

_____

_____

_____

_____

_____

_____

_____

¿Ya lo sabes todo?

4-22   ¡Así lo aplicamos!   You've just returned from a wonderful trip to Honduras, and all your classmates and friends are full of questions. They're bombarding you. Here's your chance to tell them all about your trip. Answer their questions in full sentences.

1. ¿Conoces al presidente de Honduras?

    _____

2. ¿Tienes miembros de tu familia en Tegucigalpa? ¿Cuáles?

    _____

    _____

3. ¿Traes objetos/regalos (*gifts*) de artesanía?

    _____

4. ¿Me invitas a acompañarte la próxima vez (*next time*)?

    _____

5. ¿Sabes bailar punta?

    _____

6. ¿Con quién te puedes comunicar por correo electrónico en San Pedro Sula?

    _____

7. ¿Es éste tu primer viaje a Honduras?

    _____

8. ¿Qué país te gusta más, éste o aquél?

    _____

9. ¿Dónde duermes cuando estás en Honduras?

    _____

10. ¿Recuerdas muchas cosas del viaje?

    _____

11. ¿Juegas al fútbol o paseas en los parques en Honduras?

_____

12. ¿Sales con amigos al cine con frecuencia?

_____

13. ¿Dónde pones tu computadora cuando viajas?

_____

14. ¿Vienes a mi casa con las fotos de tu viaje?

_____

15. ¿Piensas volver a Honduras o quieres ir a Guatemala o El Salvador?

_____

4-23 Más allá...   One of your classmates is always testing you. He wants to hear you go beyond the conventional way of responding and answer numbers 1, 2, 3, 5, 10, and 13 with direct object pronouns instead of nouns. Are you up to the task?

1. _____

2. _____

3. _____

5. _____

10. _____

13. _____

5   ¿Cómo pasas el día?

1. Reflexive constructions: Pronouns and verbs

5-1 ¿Reflexivo o no? Describe las acciones en estos dibujos (*drawings*)
y decide si son reflexivas o no.

MODELO:  *La señora se cepilla los dientes.*

La señora cepilla al perro.

1. _____

2. _____

3. _____

4. _____

5. _____

6. _____

7. _____

5-2 ¡Necesito tu ayuda! Tu amigo sale para Costa Rica mañana y como tú eres un/a experto/a en viajes te pide consejo (*advice*). Dile *(Tell him)* qué cosas debe hacer. Usa un verbo reflexivo en cada consejo.

MODELO: Salgo a las cinco de la mañana.
                Debes levantarte a las cuatro.

1. No me despierto fácilmente (*easily*).

   _____

2. Siempre como mucho ajo (*garlic*) y mi novia va a viajar conmigo.

   _____

3. No hay bañera (*bathtub*) en el hotel de Costa Rica porque está en una reserva (*reserve*) nacional.

   _____

4. Tampoco (*Neither*) hay electricidad para mi máquina de afeitar.

   _____

5. Necesito llevar muchas cosas… el jabón, el peine, el espejo, el desodorante y mucho, mucho más.

   _____

6. Ya son las once y media de la noche y me voy muy temprano por la mañana.

   _____

5-3 Amor loco. "Amor loco" es una telenovela (*soap opera*) que cuenta la historia de dos jóvenes que son novios. Tu amiga no vio (*didn't see*) algunos capítulos y te hace algunas preguntas para informarse. Contesta las preguntas, según el siguiente resumen de la telenovela. Usa una construcción recíproca.

Bárbara y Miguel son novios a escondidas (*secretly*) porque sus padres no aprueban (*approve*) su relación. Aunque tienen que mantener su relación en secreto, Miguel ve a Bárbara todos los días. Él va a verla a la biblioteca donde ella estudia y Bárbara le escribe mensajes electrónicos a Miguel dos veces al día. Ella respeta y quiere mucho a Miguel y él también la respeta y la quiere mucho.

MODELO: ¿Se entienden bien Bárbara y Miguel?
Sí, ellos se entienden bien.

1. ¿Se quieren mucho Bárbara y Miguel?

_____

2. ¿Con qué frecuencia se ven?

_____

3. ¿Cuántas veces al día se escriben mensajes electrónicos?

_____

4. ¿Dónde se encuentran normalmente?

_____

5. ¿Se respetan mucho?

_____

2. Comparisons of equality and inequality

5-4 Alquiler de apartamento. Raquel quiere cambiar de apartamento y lee los anuncios (*ads*) del periódico para encontrar uno. Ella selecciona tres anuncios y tiene que tomar una decisión. Para ayudar a Raquel, escribe todas las comparaciones posibles entre los tres apartamentos.

Apartamentos Mar

Ubicados en el centro de la ciudad.

A 2 kilómetros de la universidad.

2 dormitorios y 2 baños.

Cocina de 10 m².

Sala muy grande con comedor para 6 personas.

Garaje para dos coches.

Pago mensual 800 Euros.

Interesados llamar al 489-2156

Apartamentos Villamar

• Ubicados en el barrio Norte.

• A 5 kilómetros de la universidad.

• Cocina de 7 m².

• 2 dormitorios y 1 baño.

• Sala mediana con comedor para 10 personas.

• 2 balcones y garaje para 1 coche.

• Pago mensual 600 Euros.

Interesados llamar al 547-0629

Apartamentos El Cóndor

Ubicados cerca del Museo de Arte Moderno.

A 3 kilómetros de la universidad.

2 dormitorios y 2 baños.

Cocina de 11 m².

Sala mediana con comedor para 8 personas.

Garaje para dos coches y 1 balcón.

Pago mensual 750 Euros.

Interesados llamar al 522-2860

MODELO: *En los apartamentos Villamar la sala es tan grande como la de los apartamentos El Cóndor.*

1. _____

2. _____

3. _____

4. _____

5. _____

6. _____

7. _____

5-5 Dos compañeros de cuarto. Manuel y Román son compañeros de cuarto pero tienen costumbres (*customs, habits*) muy diferentes. Escribe cinco oraciones, comparando los horarios de Manuel y Román.

MANUEL	ROMÁN
Se levanta a las 6:30.	Se levanta a las 9.
Trabaja por 4 horas antes de ir a clase.	No trabaja antes de ir a clase.
Asiste a clase todos los días.	No asiste a clase los viernes.
Come un sándwich pequeño para el almuerzo.	Come dos hamburguesas y papas fritas para el almuerzo.
Estudia tres horas por la tarde.	Estudia una hora por la noche.
Ve poca televisión.	Ve mucha televisión todos los días.
Sale con sus amigos el fin de semana.	Sale con sus amigos todos los días.
Se acuesta a las 11 de la noche.	Se acuesta a las 2 y las 3 de la madrugada (*early morning*) normalmente.

MODELO: *Román trabaja menos que Manuel.*

1. _____

2. _____

3. _____

4. _____

5. _____

5-6 La familia. El cuadro (*chart*) siguiente tiene información sobre la familia de Nuria, la de Ana y Enrique, y la de Ángel. Escribe oraciones, comparando sus familias.

	NURIA	ANA Y ENRIQUE	ÁNGEL
hermanas	2	1	0
hermanos	1	3	2
primas	4	0	4
primos	2	2	3
tías	1	2	3
tíos	2	1	2

MODELO: *Nuria tiene más hermanas que Ángel.*

1. _____

2. _____

3. _____

4. _____

5. _____

6. _____

7. _____

8. _____

5-7 Cuestión de opiniones. Di (*Say*) si estás de acuerdo o no con las opiniones siguientes.

MODELO: Las mujeres son menos organizadas que los hombres.
Sí, estoy de acuerdo. Las mujeres son menos organizadas que los hombres. /
No estoy de acuerdo. Las mujeres son más organizadas que los hombres. /
No estoy de acuerdo. Las mujeres son tan organizadas como los hombres.

1. Los profesores tienen más trabajo que los estudiantes.

_____

2. Las computadoras PC son mejores que las computadoras *Macintosh*.

_____

3. Los hombres son más inteligentes que las mujeres.

_____

4. Los coches americanos son tan buenos como los coches europeos.

_____

5. La Coca-Cola es tan buena como la Pepsi.

_____

6. Una pizza tiene menos calorías que una hamburguesa.

_____

7. En la clase de español, los estudiantes trabajan más que las estudiantes.

_____

3. The superlative

5-8 Crítico de artículos de uso personal. Tú eres un/a crítico/a de artículos de uso personal para una revista (*magazine*) panameña. Después de usar la línea de artículos "Toja Sensible", tú piensas que es la mejor de todas. Ahora escribe tu crítica, comentando todos los artículos de la columna A y usando adjetivos de la columna B.

A	B
1. el champú	caro
2. el maquillaje	pequeño
3. la loción de afeitar	grande
4. el desodorante	bueno (¡Cuidado!)
5. el secador	barato
6. el cepillo de dientes	popular
	exótico
	ideal

MODELO: *El espejo es el más claro de todos.*

1. _____

2. _____

3. _____

4. _____

5. _____

6. _____

5-9 Tu familia y tú. Escribe cinco características de tu apariencia (*appearance*) física o de tu personalidad. Luego compáralas (*compare them*) con las de tu familia, usando el superlativo.

MODELO: *simpático/a: Mi madre es la más simpática de mi familia.*

1. _____

2. _____

3. _____

4. _____

5. _____

5-10 Los/Las amigos/as de Lidia y David. Lidia y David son dos hermanos que tienen muchos/as amigos/as y siempre están con ellos/as. Di cómo son sus amigos/as. ¡Cuidado con los verbos y los adjetivos!

MODELO: Juan José / impaciente
    Juan José es el más impaciente del grupo.

1. Guillermo / fascinante

_____

2. Lucho y Pancho / trabajador

_____

3. Antonio / paciente

_____

4. Lola / extrovertido

_____

5. Beto y Nacho / interesante

_____

6. Marisol / rico

_____

7. Graciela / delgado

_____

4. The present progressive

5-11 ¿Qué están haciendo? Di lo que están haciendo las personas de este dibujo en su casa en San José, Costa Rica.

MODELO: (mirar)
              Los nietos están mirando la televisión.

1. (divertirse) _____

2. (beber) _____

3. (leer) _____

4. (quitar la mesa) _____

5. (Nadie [*No one*]... servir la comida) _____

_____

Palabras nuevas

5-12 ¡Estoy en mi nueva casa! Necesito arreglar (*to arrange*) mi apartamento. ¿Puedes ayudarme? Dibuja dónde debo poner los muebles en mi sala.

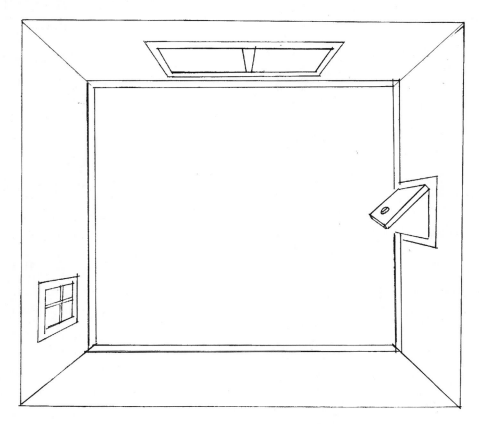

1. Voy a poner el sofá enfrente de las dos ventanas grandes.

2. Pongo la mesa enfrente del sofá.

3. El sillón… umm… lo pongo lejos del sofá, cerca de la ventana pequeña.

4. Necesito mi lámpara entre la ventana pequeña y el sillón.

5. El estante es muy importante porque soy estudiante. Voy a ponerlo en la pared (*wall*) cerca de la puerta.

6. Me gusta el cuadro en la pared donde está la puerta. ¡Arriba del estante está perfecto!

7. Deseo poner la planta sobre la mesa. ¡Es verde, mi color favorito!

8. El libro que estoy leyendo está encima de la mesa también.

9. Gracias. Mi sala me encanta. ¡Ay de mí! ¡La alfombra (*rug, carpet*)! Tengo que ponerla debajo de la mesa. A veces no recuerdo bien todo. Gracias otra vez. Nos vemos. Hasta pronto.

Nombre: _____   Fecha: _____

5-13 ¡Así se dice! Vamos a adivinar (*guess*) el mensaje (*message*) secreto. El guardia de seguridad (*school security*) encuentra este papel en un edificio (*building*) de la universidad. Él piensa que es un misterio… El cuarto en que lo encuentra está indicado en el crucigrama. El crucigrama contiene (*contains*) un mensaje secreto en la columna central. Escribe las preposiciones de lugar (y el cuarto) para contestar las preguntas que aparecen a continuación (*below*).

1. TO/ON THE LEFT
2. NEXT TO
3. ABOVE
4. ON (OVER, ABOUT)
5. BETWEEN
6. IN FRONT OF; ACROSS FROM
7. IN/ON
8. FAR/FAR FROM
9. WITHIN; INSIDE OF
10. BATHROOM
11. AGAINST
12. NEXT TO
13. IN FRONT OF
14. ON TOP OF
15. TO/ON THE RIGHT
16. UNDER
17. BEHIND
18. NEAR; CLOSE TO

Escribe las letras de la columna central.

19. ¿_____?

Traduce la pregunta al inglés.

20. _____?

Contesta la pregunta en español.

21. _____.

¡No es un misterio! Es simplemente (*simply*) un ejercicio del/de la profesor/a de español.

¡Así conversamos!

5-14 ¿Quién limpia la casa? Tú y tu compañero/a de clase son compañeros/as de casa y tienen que distribuir los quehaceres domésticos entre los/las dos.

E1: Dile a tu compañero/a cuatro quehaceres domésticos que él/ella tiene que hacer. Él/Ella no está de acuerdo contigo porque piensa que es mucho trabajo. Negocien (*Negotiate*) una solución.

E2: Dile a tu compañero/a tres quehaceres domésticos que él/ella tiene que hacer. Tu compañero/a piensa que tú tienes que hacer cuatro quehaceres domésticos. Tú no estás de acuerdo porque tú piensas que es mucho trabajo. Negocien una solución.

¡Así escribimos!

5-15 Una carta de mamá. Tu mamá te escribió una carta preguntándote cómo es tu rutina diaria en la universidad. Tú sabes que tu mamá quiere saber muchos detalles sobre tu vida. Contesta su carta, explicándole tu rutina diaria de la mañana a la noche con muchos detalles.

_____

_____

_____

_____

_____

_____

_____

_____

_____

_____

_____

_____

_____

_____

Nombre: _____   Fecha: _____

¿Ya lo sabes todo?

5-16 ¡Así lo aplicamos! Tú eres un/a estudiante norteamericano/a de intercambio en Nicaragua. Contesta estas preguntas para un programa de televisión de jóvenes nicaragüenses. Usa <u>oraciones completas</u>.

1. Buenas tardes. ¿Te alegras de estudiar español aquí en América Central?

   _____

2. ¿Te diviertes en Managua?

   _____

3. ¿Tú y tu novio/a en los Estados Unidos se hablan mucho por teléfono?

   _____

4. ¿Tienes tantos años como él/ella?

   _____

5. ¿Es él/ella tan amable como tú?

   _____

6. ¿Tiene la casa en que vives aquí en Nicaragua menos cuartos que tu casa en los Estados Unidos, o tiene más?

   _____

7. ¿Qué muebles y accesorios hay en tu casa en los Estados Unidos?

   _____

8. ¿Cuál es tu cuarto favorito allí?

   _____

9. ¿Cuál es tu mueble favorito?

   _____

Nombre: _____ Fecha: _____

10. ¿Cuántas veces a la semana lavas los platos? ¿En qué los lavas?

_____

11. ¿Planchas tu ropa?

_____

12. ¿Dónde te vistes en tu casa?

_____

13. ¿A qué hora te levantas por la mañana allí?

_____

14. Generalmente, ¿a qué hora te acuestas por la noche?

_____

15. ¿Cómo se llama la persona más alta de tu familia?

_____

16. Estás estudiando español aquí en Nicaragua, ¿verdad?

_____

17. ¿Qué libro estás leyendo ahora en tu clase de español?

_____

18. Y finalmente, en tu opinión, ¿cuál es la mejor cosa de Nicaragua?

_____

6 ¡Buen provecho!

1. The verbs *decir* and *dar*, indirect objects, and indirect object pronouns

6-1   El premio (*The prize*).   Tu familia ganó un premio en un concurso (*game show*) en un programa de televisión. Ganó los servicios de un chef personal por una semana. Indica lo que él tiene que hacer para tu familia.

MODELO: Para mí, tiene que servir el desayuno en la cama.
           Me sirve el desayuno en la cama.

1. Para ti tiene que cocinar la langosta con mucha mantequilla.

   _____

2. Para nosotros tiene que preparar un bufé para una fiesta.

   _____

3. Para mí tiene que decir cómo hacer la tarta de limón para mi novio.

   _____

4. Para mi madre tiene que preparar la especialidad de la casa del mejor restaurante de Santiago.

   _____

5. Para mi padre tiene que dar su receta para el flan.

   _____

6-2   La Cenicienta (*Cinderella*).   ¡No vive un cuento de hadas (*fairytale*)! La pobre Cenicienta vive con su malvada (*wicked*) madrastra y sus dos malvadas hermanastras. Siempre tiene que hacer muchas cosas para todos. Escribe oraciones con el pronombre de complemento indirecto necesario y el verbo indicado.

MODELO: Para su madrastra tiene que comprar los huevos para el desayuno.
                     Le compra los huevos para el desayuno.

1. Para sus hermanastras tiene que poner la lechuga en el refrigerador.

   _____

2. Para su hermanastra pequeña tiene que hacer la ensalada con muchos tomates y mucha sal.

   _____

3. A su madrastra tiene que decir la verdad.

   _____

4. Al príncipe (*prince*) guapo tiene que dar la cerveza.

   _____

5. Para su hermanastra mayor tiene que cocinar una carne rosada.

   _____

6. Para su madrastra y sus hermanastras tiene que comprar un pastel y las galletas con chocolate.

   _____

7. Para toda la familia tiene que quitar la mesa.

   _____

6-3   Michelle Bachelet y Cenicienta.   Michelle Bachelet, presidenta de Chile desde 2006, decide ayudar a Cenicienta en la preparación de las comidas. Escribe oraciones que indiquen (*indicate*) cómo la ayuda. Pon (*Put*) el complemento indirecto en la posición correcta según el tipo de verbo. Escribe el verbo también.

MODELO: Voy a _____ a ella a preparar el arroz y frijoles. (enseñar)
    Voy a *enseñarle* a ella a preparar el arroz y frijoles.

1. Estoy _____ el bistec a Cenicienta para el almuerzo. (trayendo)

2. _____ el pollo con maíz y zanahorias con mantequilla a los reyes (*king and queen*). (preparo)

3. Tengo que _____ al príncipe el mejor vino de Chile. (dar)

4. Estoy _____ un bocadillo con pan, pavo, queso y lechuga a la madrastra y a las hermanastras. (sirviendo)

5. _____ la cafetera a Cenicienta pero _____ que no tiene que hacer el café. Yo lo hago. Soy su amiga. (doy/digo)

2. *Gustar* and similar verbs

6-4   ¿Qué te gusta hacer?   Indica cuánto te gustan o no te gustan estas actividades en la cocina.

Me gusta mucho.   Me gusta un poco.
Me gusta.   No me gusta.

MODELO: lavar los platos
    No me gusta.

1. beber leche _____

2. poner la mesa _____

3. quitar la mesa _____

4. preparar café _____

5. limpiar el refrigerador _____

6. secar los platos _____

7. cortar las papas _____

8. sacar la basura _____

9. comer helado _____

10. servir comida _____

11. cocinar _____

6-5   Mi visita a Chile.   Tú le escribiste (*wrote*) esta carta a tu amiga, Linda, hablando de tu viaje a Chile, pero sin (*without*) algunos verbos. Completa tu carta ahora con la forma correcta de uno de estos verbos.

gustar   encantar   faltar   fascinar
interesar   molestar   parecer   quedar

Querida Linda:

Estoy en Santiago, Chile. A mí (1) _____ Santiago. Berenice y Gloria

están aquí también. A ellas (2) _____ mucho los restaurantes aquí. A

Berenice, a Gloria y a mí (3) _____ los vinos de Chile. Mis primos y yo

vamos a Valparaíso mañana. A nosotros (4) _____ el Océano Pacífico.

Sus playas son muy bonitas. Vamos a comer muchos mariscos allí. Hay un desierto en el norte de

Chile. Es el más seco del mundo. A nosotras no (5) _____ la idea de

visitarlo. A ti, (6) ¿_____ la idea? Queremos ver los Andes. A mi primo,

Gustavo, (7) _____ muy majestuosos (*majestic*). Pues, Linda, a mí

(8) _____ diez minutos para salir en una excursión con mi prima,

Elenita. A ella (9) _____ mucho tiempo para acompañarme porque

trabaja mucho. Hasta pronto.

Abrazos de tu amiga,

Eva

6-6 ¿Somos compatibles?   En oraciones completas escribe cinco cosas que te gusta cocinar en casa, o beber o comer en restaurantes. Luego (*Next*), escribe cinco preguntas de sí o no basadas en tus preferencias. Finalmente, en grupos de cinco o seis estudiantes, háganse preguntas. Escribe los nombres de los compañeros de clase que tienen los mismos gustos o intereses que tú. ¿Tienes muchas preferencias en común con tus compañeros de clase? ¿A cuántos estudiantes les gustan las mismas comidas que te gustan a ti?

MODELO: *Me gusta cocinar pavo.*
              ¿Te gusta cocinar pavo?
              A Sally le gusta cocinar pavo.

_____

_____

_____

_____

_____

_____

_____

_____

_____

_____

_____

Nombre: _____ Fecha: _____

3. The preterit of regular verbs

6-7 ¡Comí con Isabel Allende! Tú visitaste Chile el mes pasado y comiste en el mejor restaurante de Santiago con ella. Un reportero del periódico donde vives escribió un artículo sobre tu visita al restaurante, pero lo escribió todo en el presente. Cambia (*change*) todos los verbos de su artículo al pretérito para reflejar (*reflect*) correctamente (*correctly*) que este evento ocurrió en el pasado.

Ciudadano/a (*Citizen*) local come (1) _____ con Isabel Allende

Un/a ciudadano/a local visita (2) _____ Chile. Busca

(3) _____ el famoso Restaurante Santiago, cerca de los teatros. Toma

(4) _____ un taxi. Allí se prepara (5) _____

para cenar con la autora más famosa de Chile, Isabel Allende. Ellos/as llegan

(6) _____ a las siete. Se abrazan (7) _____.

Se sientan (8) _____ a la mesa a comer. Miran

(9) _____ el menú. Ellos/as deciden (10) _____

pedir langosta y camarones porque el restaurante es el mejor de Santiago para mariscos. Beben

(11) _____ vino chileno. Ven (12) _____ el arroz

con leche en el menú para el postre. Hablan (13) _____ de comida, de

literatura y de política. Un guitarrista les toca (14) _____ una canción

chilena. El camarero añade (15) _____ más agua a sus vasos.

Les gusta (16) _____ mucho la comida. Se levantan

(17) _____ de la mesa a las diez de la noche. Salen

(18) _____ muy contentos/as del restaurante.

Nombre: _____   Fecha: _____

6-8 ¡El almuerzo con Isabel!   Tú le cuentas (*tell*) a tu mejor amigo/a tu experiencia en el Restaurante Santiago en Chile con Isabel Allende. Ustedes se entendieron tan bien y simpatizaron (*liked*) tanto, que también almorzaron en el mismo restaurante al día siguiente (*the next day*). Ahora, usando siempre la forma "yo" del pretérito, dile qué pasó.

Otra vez (1) _____ (buscar) el Restaurante Santiago.

(2) _____ (Llegar) a la una de la tarde. (3) _____

(Abrazar) a Isabel. Le (4) _____ (explicar) qué hago en los Estados

Unidos. Le conté que juego profesionalmente al golf. Anteayer, (5) _____

(empezar) a jugar temprano y (6) _____ (practicar) en el campo de golf

de Santiago. (7) _____ (Jugar) tres horas.

(8) _____ (Almorzar) bien con Isabel. Yo (9) _____

(tocar) para ella una canción en el piano del restaurante. Nos entendimos bien. Al salir, yo

(10) _____ (pagar) la cuenta con mucho placer (*pleasure*). Nos besamos

(*kissed*) en la cara.

4. Verbs with irregular forms in the preterit (I)

6-9 Una plática (*chat*) con Pablo Neruda.   Tú eres el primer (*first*) director del periódico chileno, *El Mercurio*, fundado en Valparaíso en 1827. Te llamas Agustín Pablo Illanes del Río. Estás en el cielo (*heaven*). Te sientas para platicar con el famoso poeta chileno, Pablo Neruda, que también está en el cielo. Escribe los verbos en el pretérito para completar su conversación.

Illanes del Río: Hola, Don Pablo. Mi amigo (1) _____ (oír) su poema,

"Oda a la manzana". Después él (2) _____ (leer)

"Oda a la cebolla". Él (3) _____ (creer) que estos

poemas eran (*were*) fantásticos.

D. Pablo: Gracias. ¿Cuál (4) _____ (preferir) su amigo?

Illanes del Río: Él (5) _____ (sentir) la emoción de los dos.

D. Pablo: ¿(6) _____ (Seguir) leyendo su amigo más odas, o

(7) _____ (pedir) él mi libro, *Veinte poemas de amor y*

una canción desesperada?

Illanes del Río: Él y su esposa (8) _____ (pedir) *Veinte poemas de amor y*

una canción desesperada. Ellos (9) _____ (dormir) con

los dos libros en la cama, ¡les gustaron tanto!

D. Pablo: ¡Qué chistoso (*funny*)! ¡Los libros les (10) _____

(servir) para dormirse rápido!

Illanes del Río: ¡Ay, no, D. Pablo! Ellos me (11) _____ (repetir) varias

veces cuánto les gustó leer su poesía. Pues, D. Pablo, es hora de cenar. Ayer

en el Restaurante Ángel (12) _____ (servir) una

ensalada de verduras. Yo la (13) _____ (pedir).

D. Pablo: Yo (14) _____ (oír) que anteayer ellos

(15) _____ (servir) una ensalada de frutas.

Illanes del Río: Sí. ¡Después de leer sus "Odas elementales", mi amigo

(16) _____ (pedir) mucha cebolla y su esposa

se (17) _____ (servir) muchas manzanas!

Nombre: _____ Fecha: _____

Palabras nuevas

6-10 ¡Así se dice! En el Restaurante Punta Arenas van a pintar el menú en la pared.
Tienen un modelo de todas las letras necesarias para escribir todas las comidas que sirven. Usa
esta lista de palabras para seleccionar con un círculo todas las palabras del menú que hay en el
buscapalabras. Las palabras pueden estar en cualquier (*whichever*) dirección. Las letras que quedan
al final forman dos palabras relacionadas con un restaurante. ¿Puedes descubrirlas también?

FLANES	SOPA	QUESOS	AJO
TORTILLA	HELADO	YOGUR	CERDO
ARROZ	HUEVOS	PAN	¿¿??

C	E	R	D	O	Q	O
N	P	E	O	A	U	A
U	S	V	H	R	E	L
Y	O	G	U	R	S	L
B	V	C	E	O	O	I
P	E	R	P	Z	S	T
A	U	A	A	J	O	R
N	H	E	L	A	D	O
S	E	N	A	L	F	T

Las dos palabras que quedan son (1) _____ (2) _____.

¡Así conversamos!

6-11 En el restaurante. ¿Qué vas a comer?

E1: Tú estás de vacaciones en Chile y vas a comer a un restaurante que recomienda tu guía
turística. Pide algo de beber, algo de comer y postre. También pregúntale al/a la
camarero/a qué te recomienda para comer. Al final pídele la cuenta.

E2: Tú estás trabajando como camarero/a en un restaurante muy popular. Ayuda al/a la
cliente/a a escoger (*choose*) sus platos y una bebida. Al final pregúntale si quiere postre y
café, y si todo está bien.

¡Así escribimos!

6-12   Mi plato favorito.   Piensa en una receta sencilla (*simple*) que te gusta mucho. Escribe todos los ingredientes y después explica cómo se prepara el plato.

_____

_____

_____

_____

_____

_____

_____

_____

_____

_____

_____

_____

_____

_____

¿Ya lo sabes todo?

6-13 ¡Así lo aplicamos!   Estás en Puerto Montt, Chile. Tu amigo/a y tú están comiendo en el café, la Cocina Concha. Contéstense sus preguntas para conversar.

1. Tu amigo/a: Es mi segunda (*second*) visita a este restaurante. En tu opinión, ¿es éste el mejor restaurante de Chile?

   Tú: _____

2. Tú: No tengo menú. ¿Me das el menú, por favor?

   Tu amigo/a: _____

3. Tu amigo/a: ¿Cuál te parece el plato más popular del café?

   Tú: _____

4. Tú: ¿Qué bebida te encanta?

   Tu amigo/a: _____

5. Tu amigo/a: Yo pedí el salmón. ¿Están preparándote el salmón a la plancha también?

   Tú: _____

6. Tú: No tienes tenedor o cuchara. ¿Le pediste un tenedor y una cuchara al camarero?

   Tu amigo/a: _____

7. Tu amigo/a: ¿Me dices que los chefs calentaron bien el arroz? Mi arroz está frío.

   Tú: _____

8. Tú: Pero, ¿le echaron una cucharadita de azafrán al arroz? Me parece que no.

   Tu amigo/a: _____

9. Tu amigo/a: Amigo/a, ¿me pasas la sal y la pimienta?

   Muchas gracias.

   Tú: _____

10. Tú: ¿Dónde merendaste la semana pasada? Yo no salí de la oficina.

    Tu amigo/a: _____

11. Tu amigo/a: Ah, es un restaurante vegetariano. ¿Viste en el artículo que nuestro amigo, Reinaldo, es vegetariano? Siempre está a dieta.

    Tú: _____

12. Tú: El salmón no me gustó. Me pareció picante. ¿Te gustó a ti? ¿Te pareció rico?

    Tu amigo/a: _____

13. Tu amigo/a: Probé un pedazo de la corvina el año pasado y las judías me encantaron. ¿Qué pidieron Matilde y tú aquí el año pasado?

    Tú: _____

14. Tú: Oye, tengo una pregunta acerca de (*about*) anoche. ¿Qué aparatos y utensilios buscaste anoche en la cocina? Te oí muy tarde.

    Tu amigo/a: _____

15. Tú: Pues, nos sirvieron muy bien. ¿Qué preferiste, el vino blanco este año, o la cerveza el año pasado?

    Tu amigo/a: _____

16. Tú amigo/a: Yo también. Vamos a pagar. ¿Vas a darle al camarero una buena propina?

    Tú: _____

17. Tú: Eh, amigo/a, una pregunta final antes de (*before*) volver (*returning*) a la oficina. ¿Oíste que hay un restaurante chileno en Chicago? Vamos a comer allí en agosto. ¿Te interesa?

    Tu amigo/a: _____

Los/Las amigos/as [*al salir del café*]: Chao. Hasta pronto.

7   ¡A divertirnos!

1. Irregular verbs in the preterit (II)

7-1   La sombrilla desaparecida de la playa.   Tus amigos de la universidad y tú fueron a la playa en San Juan el mes pasado. La sombrilla de ustedes desapareció. Combina elementos de cada columna para formar ocho oraciones completas en el pretérito para descubrir quién se la llevó (*took it with him/her*).

MODELO: *Mis amigos y yo fuimos a la playa por horas.*

yo	estar en la playa	tres horas
mis amigos	ir al concierto	en la arena (*sand*)
un cantante famoso	ver la sombrilla	a las dos
tú	dar un concierto	a la una
mis amigos y yo	ser feliz cerca del mar	antes de salir
Frida, José y Sara	tener la heladera	por horas

1. _____

2. _____

3. _____

4. _____

5. _____

6. _____

7. _____

8. _____

Empezó a llover. El cantante famoso de Puerto Rico, R _ _ _ _ M _ _ _ _ _ se llevó (*took... with him*) nuestra sombrilla para terminar su concierto.

Nombre: _____ Fecha: _____

7-2 El béisbol y el boxeo. Tany Pérez, ex jugador de los Rojos de Cincinnati, y Óscar de la Hoya, boxeador mexicanoamericano, hablan de sus esposas puertorriqueñas. Completa el diálogo con los verbos indicados en el pretérito.

Tany: Hola, Óscar. Ayer (1) _____ (ver) a tu esposa, Millie.

Óscar: Sí, Tany. Ella (2) _____ (estar) en el Viejo San Juan.

(3) _____ (Ir) de compras.

Tany: ¡Estupendo! Mi esposa, Pituka, y yo (4) _____ (dar) un paseo

allí también. Nosotros (5) _____ (tener) un almuerzo fantástico

en el restaurante el Invernino.

Óscar: ¡Oye! ¡Qué casualidad (*What a coincidence!*)! Millie y yo (6) _____

(estar) en ese mismo restaurante para nuestra boda (*wedding*) secreta.

Tany: ¡Magnífico! Pituka y yo nos (7) _____ (ver) por primera vez

cuando (8) yo _____ (estar) aquí en Puerto Rico para mi

entrenamiento. Nos casamos y (9) _____ (tener) dos hijos.

Óscar: ¡Fabuloso, Tany! (10) _____ (Ser) un placer tener esta

conversación. Aquí tienes mi número de teléfono.

Tany: Gracias. Tú me (11) _____ (dar) tu número de teléfono, y aquí

tienes mi número. Ahora puedes decir que yo te (12) _____

(dar) mi número también. Hasta pronto.

Óscar: Adiós, Tany. Saludos a Pituka.

Tany: Hasta pronto, Óscar. Un abrazo para Millie.

2. Indefinite and negative expressions

7-3 ¡No quiero hacer nada! Tú estás muy negativo/a hoy. Tu novio/a quiere hacer muchas actividades este fin de semana, pero tú siempre contestas negativamente.

MODELO: Quiero jugar a algún deporte mañana.
            No quiero jugar a ningún deporte mañana.

1. Quiero ver a alguien este sábado.

   _____

2. O vamos a una discoteca o vamos a ver una película.

   _____

3. Siempre quieres mirar los partidos de básquetbol en la televisión.

   _____

4. Quiero hacer algo diferente este viernes.

   _____

5. Quedan algunas entradas para el concierto del domingo. Quiero ir.

   _____

6. Quiero oír algún ritmo afrocaribeño. Vamos al club.

   _____

7. Si hace buen tiempo, también deseo ir a la playa el sábado por la tarde.

   _____

7-4 Unas actitudes positivas.   Celia Cruz, la cantante famosa de Cuba, y Tito Puente, el famoso percusionista puertorriqueño de Nueva York, ya (*already*) murieron. Pero en su vida tuvieron muy buena disposición y fueron personas positivas. Ahora conversan después de ver las noticias (*news*) y el tiempo en la televisión y creen que el noticiero fue muy negativo. Ellos deciden cambiar lo negativo a positivo para estar más contentos.

MODELO: No les gusta ningún equipo a los aficionados.
    Les gustan algunos equipos a los aficionados.

1. Nunca hay árbitros buenos en los partidos de básquetbol.

   _____

2. Nadie hace un picnic cuando hace fresco.

   _____

3. Ningún atleta esquía si hace sol.

   _____

4. Ni está despejado ni hay chubascos.

   _____

5. Jamás nos ponemos el traje de baño cuando hace mucho calor.

   _____

6. Tampoco hay aficionados al ciclismo o a la natación.

   _____

7. Las noticias no tienen nada de interés.

   _____

8. ¡Ninguno de nosotros va a bailar el merengue con nadie!

   _____

3. Irregular verbs in the preterit (III)

7-5 ¿Qué hicieron este fin de semana?   Tu amigo tuvo que asistir a la boda (*wedding*) de su primo este fin de semana y no pudo estar con ustedes. Ahora quiere saber todo lo que ustedes hicieron. Usando las actividades de la columna B, díganle lo que cada uno de ustedes hizo.

Columna A	Columna B
1. Alberto	poder correr en el parque
2. Carlos y yo	poner los esquís en el coche
3. Alicia y Paulina	saber practicar atletismo
4. Yo	venir al gimnasio a levantar pesas
5. Sara	hacer un picnic
6. Diego y Tomás	querer ir al cine
	traer a sus novias a cenar a casa
	decir que vieron un partido de tenis

MODELO: *Yo quise ir al cine.*

1. _____

2. _____

3. _____

4. _____

5. _____

6. _____

7. _____

8. _____

7-6 ¡No me digas! (*You don't say!*)   Tus amigos/as hicieron las mismas actividades que tú este fin de semana. Escribe lo que tu amigo/a dice.

MODELO: Yo puse toda mi ropa (*clothes*) de playa en orden. (Nosotros)
              ¡No me digas! *Nosotros también pusimos toda nuestra ropa de playa en orden.*

1. Yo vine aquí a la biblioteca el sábado por la mañana. (Mi hermano)

   ¡No me digas! _____

2. Yo hice ejercicio. (Elena y Ana)

   ¡No me digas! _____

3. Yo quise comprar boletos para un concierto de Marc Anthony, pero no pude. (Elena)

   ¡No me digas! _____

4. Yo pude reservar la cancha de tenis para el domingo. (Ana)

   ¡No me digas! _____

5. Yo supe que mi hermano juega al tenis. (Manuel)

   ¡No me digas! _____

6. Yo le traje el periódico a mi compañero de apartamento. (Nosotros)

   ¡No me digas! _____

7. Yo le dije a mi novio/a que ganamos el partido de baloncesto el miércoles. (Manuel y Pedro)

   ¡No me digas! _____

8. Yo pude patinar en el parque por dos horas el sábado. (Nuestros amigos)

   ¡No me digas! _____

9. Yo puse un estante para libros en mi dormitorio. (Elena)

   ¡No me digas! _____

7-7 Vacaciones en el Caribe. Tus primos regresaron de unas vacaciones por el Caribe con sus padres. Ellos visitaron La República Dominicana y Puerto Rico, pero no visitaron Cuba. Como tú no conoces estas islas les haces muchas preguntas. Ellos contestan que sí o que no.

MODELO: tener algún problema durante el viaje
      E1: *¿Tuvieron algún problema durante el viaje?*
      E2: *Sí, tuvimos un problema durante el viaje.*
          No, no tuvimos ningún problema durante el viaje.

1. traer recuerdos (*souvenirs*)

_____

_____

2. venir a casa sin problemas

_____

_____

3. hacer una visita a El Morro

_____

_____

4. poder ir en "coco-taxi"

_____

_____

5. ver alguna pieza (*piece*) de ámbar

_____

_____

6. poder visitar Boca Chica y La Romana

_____

_____

7. no querer ir a Haití

_____

_____

8. conocer a personas interesantes

_____

_____

7-8   La semana pasada.   ¿Qué hicieron ustedes la semana pasada? Primero escribe tres actividades que hiciste la semana pasada y después convierte en preguntas las oraciones.

MODELO: *Hice un picnic con mis amigos.*
             ¿Hiciste un picnic con tus amigos?

_____

_____

_____

_____

_____

_____

7-9   Actividades similares.   Ahora con las preguntas de la actividad 7-8, camina por la clase y pregúntales a tus compañeros/as si hicieron las mismas actividades que tú. Escribe los nombres de los/las compañeros/as que contestan "sí". ¿Cuántos compañeros/as hicieron las mismas actividades que tú? Ahora dile a la clase lo que tus compañeros/as y tú hicieron.

MODELO: *John, Eric y yo hicimos un picnic con nuestros amigos.*

Nombres:

_____   _____

_____   _____

_____   _____

_____

_____

_____

4. Double object pronouns

7-10   ¿Qué hacen en la tienda de equipo deportivo?   Tú eres el/la dueño/a (*owner*) de una tienda de equipo deportivo y quieres saber si todo está en orden. Tu compañero/a de clase es el/la gerente (*manager*) de la tienda y responde a tus preguntas. Pregúntale si los dependientes (*clerks*) hacen las siguientes cosas.

MODELO: ¿La dependienta les ofrece los descuentos a los clientes?
              Sí, *se los ofrece.*

1. ¿El dependiente te comunica los problemas?

   Sí, _____.

2. ¿El dependiente te prepara los materiales de propaganda?

   Sí, _____.

3. ¿El dependiente les muestra (*shows*) las pesas a los clientes?

   No, _____.

4. ¿El dependiente les contesta las preguntas a los clientes?

   Sí, _____.

5. ¿La dependienta te ordena los palos (*clubs*) de golf?

   No, _____.

6. ¿La dependienta te pregunta la información necesaria?

   Sí, _____.

7-11 ¡Un partido fantástico! Tu equipo de la universidad fue campeón este año y tú quieres hacer una fiesta para celebrarlo. Como no tienes muchas cosas en tu apartamento, debes preguntarle a tu amigo/a (tu compañero/a de clase) si te presta o si te va a traer a la fiesta las siguientes cosas.

MODELO: nuevo estéreo
¿Me prestas tu nuevo estéreo? / ¿Me vas a traer tu nuevo estéreo?
Sí, te lo presto. / Sí, te lo voy a traer. / Sí, voy a traértelo.

1. platos

_____

_____

2. mesa grande

_____

_____

3. vino chileno

_____

_____

4. discos compactos para bailar

_____

_____

5. cafetera

_____

_____

6. copas

_____

_____

Nombre: _____ Fecha: _____

Palabras nuevas

7-12 ¡Así se dice!   Juan Luis Guerra y 4:40, el famoso cantante y grupo de la República Dominicana, cantaron una canción muy popular, "¡Ojalá que llueva café!" (*"If Only It Would Rain Coffee,"* or *"I Hope It Rains Coffee"*). Aquí hay algunas canciones ficticias (*fictitious*) que nunca cantaron. Con la ayuda de las descripciones siguientes, escribe los títulos de las canciones. Los títulos siempre deben referirse al clima.

MODELO: No tengo aire acondicionado; tengo calor.
              "Hace calor."

1. Es un día perfecto.   "_____"

2. ¡Qué mala suerte!   "_____"
   El cielo está gris y no
   hay sol.

3. ¡Oye! Pasa mucho   "_____"
   aire muy fuerte.

4. ¡Ay, bendito! Cae   "_____"
   mucha agua del cielo.

5. Está nevando mucho y   "_____"
   no hay sol. La
   temperatura está a
   20° F.

7-13 Sensemayá, la culebra.   Nicolás Guillén, el poeta cubano, describe a Sensemayá, la culebra que "camina sin patas". Después de matarla, la culebra, "no puede correr… no puede caminar". ¿Qué otros deportes y actividades no puede practicar Sensemayá? ¿A qué deportes no puede jugar? ¿Qué no puede ser?

MODELO: ir en bicicleta
              No puede practicar ciclismo.

1. competir en una piscina

   _____

2. ponerse los guantes y ser violenta

   _____

3. patinar con un equipo y competir en el hielo

   _____

4. usar un bate y una pelota para jugar

_____

5. usar una raqueta y una pelota en una cancha

_____

6. patear un balón en un campo (*field*) grande

_____

7. practicar/hacer el balanceo (*balance*) y hacer ejercicio rítmico en los Juegos Olímpicos

_____

8. ponerse guantes y mucha ropa y moverse sobre la nieve (*snow*)

_____

9. mirar con mucho entusiasmo su deporte favorito y gritar

_____

¡Así conversamos!

7-14 Academia de tenis Moll.   Tú eres un/a excelente jugador/a de tenis y hoy vas a visitar una escuela donde puedes estudiar y entrenar a tenis.

> **Academia de tenis Moll. La Academia de tenis Moll ofrece a los jóvenes deportistas la posibilidad de tener un entrenamiento intensivo de tenis y hacer sus estudios en la misma escuela. La academia tiene las instalaciones deportivas, la escuela y los dormitorios en el mismo campus.**

E1:   Tú eres un/a excelente jugador/a de tenis y tus padres quieren mandarte a la Academia de tenis Moll para entrenar con los mejores entrenadores. Hoy vas a visitar la escuela y estás hablando con el/la director/a. Pregúntale al/a la director/a cuántas horas al día los estudiantes practican tenis, cuántos estudiantes hay por cada entrenador, a qué hora asisten a las clases, qué hacen por la noche, etc.

E2:   Tú eres el/la director/a de la Academia de tenis Moll y estás hablando con un/a estudiante interesado/a en asistir a tu academia. Contesta sus preguntas y añade (*add*) más información sobre la variedad de las actividades y la calidad de la escuela.

¡Así escribimos!

7-15   Viaje a Puerto Rico.   Tú fuiste con tu clase de español a Puerto Rico por una semana. Disfrutaste de (*enjoyed*) las playas, la cultura y los lugares de interés. Ahora tienes que escribir un trabajo (*paper*) para tu profesor/a para explicarle detalladamente (*in detail*) todo lo que hiciste. Incluye, entre otros, los siguientes verbos: ***hacer, traer, poder, querer, estar, ver, ir*** y ***tener.***

_____

_____

_____

_____

_____

_____

_____

_____

_____

_____

_____

¿Ya lo sabes todo?

7-16   ¡Así lo aplicamos!   Vas a hacer una fiesta caribeña en tu residencia de la universidad durante (*during*) el fin de semana. La emisora de radio de la universidad te entrevista para saber los detalles de tu fiesta. Contéstale al reportero.

¡Buenas tardes, estudiantes! La emisora de la universidad, R-O-H-W-C, les está transmitiendo desde el centro estudiantil. Hoy vamos a entrevistar al/a la estudiante que va a organizar la fiesta caribeña este fin de semana.

1. ¿Fuiste alguna vez a Cuba, Puerto Rico o la República Dominicana?
   [Contesta negativamente.]

_____

Nombre: _____   Fecha: _____

2. ¿Hiciste alguna fiesta caribeña el año pasado? [Contesta negativamente.]

   _____

3. ¿Conociste a alguien que pudiera (*might be able*) ayudarte a hacer la fiesta?
   [Contesta negativamente.]

   _____

4. ¿Te trajeron las entradas para la fiesta? [Contesta con dos pronombres.]

   _____

5. ¿Quisiste invitar a un grupo de música afrocaribeña a la fiesta?

   _____

6. ¿Pusieron el anuncio de la fiesta o en el periódico de la universidad o en el canal de
   televisión de la universidad? [Contesta negativamente.]

   _____

7. ¿Qué tiempo va a hacer este fin de semana para la fiesta?

   _____

8. ¿Cuándo supiste de nuestro programa de radio?

   _____

9. ¿Le dijiste a alguien que tienes música de baile folklórico puertorriqueño para la fiesta?
   [Contesta negativamente dos veces: la primera vez con un pronombre de complemento
   indirecto; la segunda vez con dos pronombres.]

   _____

   _____

10. Y finalmente, algo personal. ¿Estuviste en el gimnasio ayer? ¿A qué deporte juegas con
    frecuencia?

   _____

   _____

   Muchas gracias por esta entrevista. Estudiantes de la universidad, les va a gustar esta fiesta
   caribeña en la residencia CINTI de la universidad este fin de semana. ¡A divertirse! Adiós y
   hasta la próxima. Su reportero Octavio Valencia.

Nombre: _____   **Fecha:** _____

8   ¿En qué puedo servirle?

1. The imperfect tense of regular and irregular verbs

8-1 El centro comercial.   Cuando estabas en la escuela secundaria trabajabas en una tienda de ropa durante los veranos. ¿Qué hacías cuando trabajabas en la tienda? ¿Qué hacían los clientes? Di si tú o los clientes hacían o no las siguientes actividades.

MODELO: limpiar los probadores
              Yo: *Sí, limpiaba los probadores.*
      Los clientes: *No, no limpiaban los probadores.*

1. pasar la aspiradora

    Yo: _____

    Los clientes: _____

2. usar tarjetas de crédito para pagar sus compras

    Yo: _____

    Los clientes: _____

3. mirar los suéteres

    Yo: _____

    Los clientes: _____

4. organizar las ventas-liquidación

       Yo: _____

       Los clientes: _____

5. poner los precios en la ropa

       Yo: _____

       Los clientes: _____

6. ofrecer descuentos

       Yo: _____

       Los clientes: _____

7. trabajar en la caja

       Yo: _____

       Los clientes: _____

8. probarse los vaqueros

       Yo: _____

       Los clientes: _____

9. regatear

       Yo: _____

       Los clientes: _____

8-2   Un robo (*robbery*) en la residencia.   El detective, Descubretodo, está investigando un robo que hubo en tu residencia ayer. Él habla con todos los residentes y les hace muchas preguntas. Contesta las preguntas del detective.

MODELO: ¿Dónde estaba usted ayer por la tarde?
               Estaba en la clase de matemáticas.

1. ¿Por qué estaba allí?

_____

2. ¿Con quién estaba?

_____

3. ¿Qué hacía?

_____

4. ¿Qué ropa llevaba?

_____

5. ¿Qué tiempo hacía?

_____

6. ¿Había otras personas allí?

_____

8-3 Siempre a la moda. Ayer fuiste a un desfile de modas (*fashion show*) de Giovani el famoso modista (*fashion designer*) italiano. Tu amigo/a no pudo ir y quiere saber qué llevaban los mejores modelos. Descríbele lo que los modelos llevaban.

La mejor modelo femenina (1) _____ (llevar) una falda larga de seda que

(2) _____ (tener) unas rayas. La falda (3) _____ (ser) de

color negro y las rayas (4) _____ (ser) de colores diferentes. La falda

(5) _____ (combinar) con una blusa de manga larga también de seda.

La modelo (6) _____ (ir) con unas sandalias negras de Pepe muy elegantes.

El modelo masculino más elegante (7) _____ (llevar) un saco de color gris con

pantalones negros. El saco y los pantalones negros (8) _____ (combinar) con

una corbata roja y una camisa blanca. La camisa (9) _____ (ser) de algodón pero

la corbata (10) _____ (ser) de seda. El modelo (11) _____

(tener) un sombrero de lana muy elegante y se (12) _____ (ver) muy bien.

2. Ordinal numbers

8-4 ¿En qué planta (*floor*)...?   Tú trabajas como recepcionista en un edificio de oficinas. Hoy es un día bastante ocupado y muchas personas te preguntan adónde tienen que ir. Contéstales sus preguntas.

1ª	Peluquería Pere Sainz
2ª	Gestoría Montaña
3ª	Carlos Badía Abogado
4ª	PC Sistemas de Computación
5ª	Melisa Codina Dentista
6ª	Mariana Serrano Ginecóloga
7ª	Alberti Diseño (*design*)
8ª	Segovia Arquitectos
9ª	Viajes Cóndor
10ª	Restaurante El Cielo

MODELO: ¿Dónde está la oficina de la dentista?
Está en la quinta planta.

1. ¿En qué planta está la oficina de la doctora Serrano?

   _____

2. ¿Dónde está la oficina del abogado (*lawyer*) Badía?

   _____

3. ¿En qué planta está la peluquería?

   _____

4. ¿Dónde está la compañía PC Sistemas de Computación?

   _____

5. ¿En qué planta está la agencia Viajes Cóndor?

   _____

Nombre: _____   Fecha: _____

6. ¿Adónde tengo que ir para comer en el restaurante El Cielo?

_____

7. ¿Dónde está la oficina de los arquitectos?

_____

8. ¿Dónde está la Gestoría Montaña?

_____

9. Busco la oficina de diseño. ¿Adónde tengo que ir?

_____

8-5   El Hotel Miramar de Miraflores.   Tú trabajas como ascensorista (*elevator operator*) en el Hotel Miramar que es el más elegante de Lima. En estos días el hotel está muy ocupado y hay muchas personas que usan el ascensor. ¿A qué piso quieren ir?

MODELO: 8°
             Octavo piso, por favor.

1. 5° _____

2. 2° _____

3. 1° _____

4. 3° _____

5. 6° _____

6. 10° _____

7. 7° _____

8. 9° _____

9. 4° _____

3. Preterit versus imperfect

8-6   En el centro comercial.   María vive en el barrio (*neighborhood*) de Miraflores, Lima, Perú. El fin de semana pasado visitó varias tiendas en su centro comercial favorito, Larco Mar. Ahora está hablando por teléfono con su amiga. Describe su visita usando el pretérito o el imperfecto de los verbos indicados.

(1) _____ (Ser) las diez de la mañana y (2) _____ (ser)

un sábado de primavera. Cuando (3) _____ (salir) de mi apartamento,

(4) _____ (caminar) al Centro Comercial Larco Mar.

(5) _____ (Hacer) mucho sol y no (6) _____ (haber)

nubes en el cielo. A las diez y media yo (7) _____ (llegar) y

(8) _____ (buscar) ropa nueva en la tienda, La Moda. Allí me

(9) _____ (comprar) un vestido rojo sin manga porque

(10) _____ (estar) en rebaja. Los precios de los vestidos de lana

(11) _____ (ser) bajos. Después, a las once, (12) _____

(ir) a la joyería. El viernes pasado (13) _____ (ver) un collar de perlas.

Yo (14) _____ (querer) probármelo. El collar (15) _____

(hacer) juego con el vestido nuevo y (16) _____ (decidir) comprarlo.

Yo (17) _____ (pagar) en efectivo porque el collar

(18) _____ (ser) una ganga. Solamente me (19) _____

(costar) 200 nuevos soles. De vez en cuando yo (20) _____ (ver) zapatos

rojos cuando (21) _____ (ir) a la zapatería, pero esta vez no los

(22) _____ (encontrar). Finalmente (23) _____

(entrar) en la droguería y (24) _____ (gastar) el resto de mi dinero (*money*)

en un frasco de colonia y maquillaje. Los dos me (25) _____ (costar)

ochenta nuevos soles. (26) _____ (Volver) a mi apartamento muy contenta

a las doce y media para preparar mi almuerzo.

Nombre: _____   Fecha: _____

8-7 La fábula fabulosa.   Lee esta fábula y decide si el verbo entre paréntesis debe estar en el pretérito o en el imperfecto.

(1) _____ (Haber) una vez cuatro amigos: la gata, Magnolia, el pato,

Donaldo, el perro, Azúcar (*Sugar*), y el zorro, Listo (*Clever*). Ellos (2) _____

(vivir) en una tienda de ropa en Otavalo, Ecuador. La gata, Magnolia, siempre

(3) _____ (probarse) las blusas de seda y las faldas de algodón. Con

frecuencia ella (4) _____ (decir): "Soy muy bella. Todo me queda

bien siempre". El pato, Donaldo, (5) _____ (ser) muy gordo. Los

vaqueros y las camisas blancas que le (6) _____ (gustar) llevar le

(7) _____ (quedar) estrechos siempre. El perro, Azúcar, y el zorro, Listo,

frecuentemente (8) _____ (enojarse) porque algunos clientes

(9) _____ (devolver) las gangas que (10) _____

(comprar) en las ventas-liquidación después de ponérselas. Anoche la gata, el pato, el perro y el

zorro (11) _____ (decidir) tener un encuentro con esos clientes. En la

opinión de los cuatro amigos, (12) _____ (ser) deshonesto ponerse la

ropa y después devolverla. A las ocho de la noche, ellos (13) _____

(hablar) con los clientes. Magnolia les (14) _____ (decir): "A menudo yo

(15) _____ (hacer) eso también, pero es deshonesto". Donaldo

(16) _____ (añadir): "Yo también (17) _____

(hacer) la misma cosa una vez, pero después, yo no (18) _____ (poder)

dormir porque a la chaqueta le (19) _____(faltar) un botón y el suéter

(20) _____ (estar) sucio". Los clientes (21) _____

(bajar) (*lowered*) la cabeza (*heads*). "Nosotros comprendemos. Ya no vamos a hacer eso nunca más".

La moraleja de esta fábula fabulosa es que es mejor ser honesto que siempre llevar ropa nueva.

8-8 ¡Ay, bendito!   ¡Demasiadas (*too many*) interrupciones! Los incas hacían muchas cosas cuando algo o alguien los interrumpió.

MODELO:

Los incas / mirar Sacsahuamán…
la alpaca / llegar
Los incas miraban Sacsahuamán cuando la alpaca llegó.

1.

El inca / construir una terraza…
empezar a / llover

_____

_____

3.

Las incas / vender pulseras de muchos colores…
la mujer / hablarles

_____

_____

2.

Los dos incas / escalar la montaña…
el sol / salir

_____

_____

4.

Los incas / visitar Machu Picchu…
Hiram Bingham / descubrirla

_____

_____

Nombre: _____ Fecha: _____

8-9 ¡Un robo en el almacén!   Nuestro detective, Descubretodo, está investigando otro robo. Esta vez el robo fue en el almacén Las Nuevas Galerías. Descubretodo escribió el informe (*report*) de la policía sobre lo que ocurrió ayer. El problema es que escribió el informe en el presente. Ahora tú, el/la secretario/a de la estación de policía, debes cambiar los verbos al pretérito o al imperfecto según el contexto. Escribe solamente los verbos.

1. **Son** las tres de la mañana. _____

2. **Hace** mucho calor. _____

3. No **hay** luna. _____

4. El guardia **duerme.** _____

5. El almacén **es** muy grande. _____

6. **Tiene** mucha ropa cara. _____

7. Súbitamente (*Suddenly*) dos ladrones (*thieves*) **entran.** _____

8. Uno **es** bajo y gordo. **Tiene** barba (*beard*). _____ _____

9. El otro **es** muy, muy alto. **Trae** revólver. _____ _____

10. **Roban** sacos, corbatas, billeteras, calcetines y zapatos. _____

11. Mientras **salen** del almacén la alarma **suena.** _____ _____

12. La policía **llega** inmediatamente (*immediately*). _____

13. **Captura** a los dos ladrones. _____

14. Los ladrones **dicen:** "Somos dependientes aquí. ¿En qué podemos servirles?" _____

15. "¡Oh, no!", **responde** el detective Descubretodo. "La pregunta es, ¿En qué podemos servirles a ustedes?" _____

16. ¡Y la policía se los **lleva** a la cárcel (*jail*)! _____

8-10 ¡Bueno, bonito y barato!   Tu amigo fue de compras a una tienda muy elegante. Ahora te cuenta su experiencia. Selecciona el pretérito o el imperfecto de los verbos indicados según el contexto. Subraya (*Underline*) el verbo necesario.

1. Anoche yo (fui/iba) a Saga Falabella.

2. Mientras (miré/miraba) los trajes la dependienta me (habló/hablaba).

3. Ella me (preguntó/preguntaba) qué talla (usé/usaba).

4. Yo le (contesté/contestaba) que la talla mediana y le (pregunté/preguntaba) si (pude/podía) probarme el traje azul y el traje negro.

5. Ella (dijo/decía) que sí.

6. A las siete y cuarto (entré/entraba) en el probador.

7. (Fueron/Eran) las siete y veinte cuando (salí/salía) del probador con el traje azul... mi favorito.

8. No (quise/quería) probarme el traje negro.

9. El traje azul (estuvo/estaba) en rebaja.

10. (Decidí/Decidía) comprar el traje azul y una corbata roja de rayas.

11. (Pagué/Pagaba) con mi tarjeta de crédito en la caja. Siempre la uso.

12. Cuando (salí/salía), (hizo/hacía) muy mal tiempo y (llovió/llovía).

13. Pero yo (estuve/estaba) muy contento con mi traje nuevo. Sólo me (costó/costaba) 600 nuevos soles.

14. Además (*Besides*), me (quedó/quedaba) muy bien.

4. Impersonal and passive *se*

8-11 ¿Qué se hace en un centro comercial?   Di si las actividades siguientes normalmente (*normally*) se hacen en un centro comercial o no.

MODELO: ofrecer descuentos
          Normalmente sí se ofrecen descuentos en un centro comercial.

1. regatear en las tiendas

_____

2. comprar vaqueros

_____

3. dormir en un sillón

_____

4. comer en un restaurante

_____

5. llevar un traje de baño

_____

6. buscar artículos en rebaja

_____

7. pagar en efectivo

_____

8-12   ¿Cómo es la universidad?   Tú ya estás en la universidad pero tu hermano/a todavía está en la escuela secundaria. Él/Ella quiere saber lo que se hace en la universidad comparado con la escuela secundaria. Tú se lo dices.

MODELO: *En la universidad se conoce a más gente.*

1. _____

2. _____

3. _____

4. _____

5. _____

6. _____

7. _____

8. _____

8-13   Un nuevo trabajo.   Tú estás muy contento/a en tu nuevo trabajo en una tienda de ropa. Como eres nuevo/a, y todavía no sabes cómo se hace todo, tienes que hacer muchas preguntas. Escribe las preguntas primero y después contéstalas.

MODELO: Cuándo / salir
           ¿Cuándo se sale?
           Se sale a las nueve.

1. A qué hora / cerrar

_____

_____

2. Dónde / poner los vestidos

_____

_____

3. Dónde / guardar los abrigos

_____

_____

4. Cuándo / trabajar más

_____

_____

5. Cuándo / almorzar

_____

_____

6. poder hacer sugerencias (*suggestions*) al gerente

_____

_____

7. Cómo / anunciar las rebajas

_____

_____

8. Dónde / colocar (*to put*) los pantalones

_____

_____

9. Qué tipo de ropa / vender más

_____

_____

10. poder salir temprano

_____

_____

8-14 ¿Adónde van?   Describe lo que una persona debe llevar o usar para ir a algún lugar pero sin mencionar el lugar adonde va. Primero, escribe todo lo que una persona normalmente lleva o usa y después dale la descripción a tu profesor/a. Él/Ella va a leer las descripciones de los estudiantes en voz alta, y toda la clase va a tratar de adivinar (*guess*) el lugar o la ocasión que se describe.

MODELO: *Se lleva un traje de baño.*
Se necesita una toalla.
Se puede llevar un sombrero.
Se necesita loción solar.
…

Respuesta: *La playa o la piscina*

Palabras nuevas

8-15   La imagen en el espejo.   Tú vives en Miami, Florida y tu gemelo/a (*twin*) idéntico/a
vive en Sitka, Alaska. Es el primero de enero. Tú vas a la playa. Tu gemelo/a va a esquiar. ¿Qué
ropa llevan? Identifica cinco artículos de ropa para cada uno de ustedes.

Yo	Mi gemelo/a
_____	_____
_____	_____
_____	_____
_____	_____
_____	_____

8-16   ¡Así se dice!   ¿En qué tienda se compran estos artículos? Escribe la tienda.

1. unos aretes de diamantes   _____

2. pasta de dientes   _____

3. perfume   _____

4. penicilina   _____

5. un helado de chocolate   _____

6. un libro de español   _____

7. unos tenis y unas sandalias   _____

8. unas pantimedias   _____

9. un sombrero   _____

10. unas rosas amarillas   _____

11. unas invitaciones para una fiesta   _____

12. un anillo de oro o de plata   _____

13. un abrigo   _____

14. un bolso de cuero   _____

15. champú y jabón   _____

¡Así conversamos!

8-17   La droguería.   Tú trabajas en una droguería y tienes un/a cliente (tu compañero/a) que no puede encontrar nada.

E1:   Tú vas a una droguería que no conoces porque necesitas algunas cosas urgentemente (*urgently*). Como es la primera vez que estás allí, tienes muchos problemas para encontrar lo que buscas (desodorante, colonia, jabón y champú). Pregúntale al/a la dependiente/a dónde puedes encontrar estas cosas.

E2:   Tú eres el/la dependiente/a en una droguería y hay un/a cliente nuevo/a que no encuentra nada. El/La pobre te hace un montón de (*a bunch of*) preguntas. Contéstale con paciencia y dile dónde está cada cosa.

¡Así escribimos!

8-18   Publinova agencia de publicidad.   Tú trabajas para una compañía de publicidad y tu jefe te nombró director de un proyecto muy importante para un producto nuevo. Escribe una descripción detallada del nuevo producto y comenta las ventajas (*advantages*) que tiene.

_____

_____

_____

_____

_____

_____

_____

_____

_____

_____

_____

_____

¿Ya lo sabes todo?

8-19   ¡Así lo aplicamos!   Tú regresas a los Estados Unidos después de un viaje al Perú y al Ecuador. El agente de la aduana (*customs*) te hace muchas preguntas. Contéstale formalmente.

1. Bienvenido a casa. ¿Cuál fue el primer país que usted visitó?

   _____

2. ¿Y cuál fue el segundo país?

   _____

3. Mientras usted estaba en el Ecuador, ¿iba con frecuencia a las tiendas?

   _____

4. ¿A quién veía usted con mucha frecuencia?

   _____

5. ¿Visitó usted Quito?

   _____

6. ¿A qué hora salió usted del Ecuador?

   _____

7. ¿Qué hacía usted en Sudamérica?

   _____

8. ¿Cuánto tiempo pasó usted en el Perú?

   _____

9. ¿Fue usted al Lago Titicaca?

   _____

10. Se dice que es el lago navegable más alto del mundo. ¿Qué se permite hacer allí?

   _____

11. ¿Qué artículos personales compró usted en su viaje?

_____

12. ¿Dónde se venden?

_____

13. Mientras usted estaba en el Ecuador, ¿qué tiempo hacía? ¿Y en el Perú?

_____

14. ¿Qué ropa compró usted?

_____

15. ¿Qué hora era cuando usted llegó al Perú?

_____

16. ¿Cuántos nuevos soles le costó este suéter de lana peruana?

_____

17. ¿En qué piso del hotel en Lima estuvo usted? ¿Y del hotel en Quito?

_____

18. ¿Qué comía usted para el desayuno todos los días?

_____

19. ¿Qué hacía usted en Machu Picchu cuando el/la guía turístico/a llegó?

_____

20. Y finalmente, ¿le gustó el viaje?

_____

9 Vamos de viaje

1. *Por* or *para*

9-1 Una tarjeta postal de Caracas. Tu madre recibió esta tarjeta postal de su amiga, Luisa. Luisa fue de vacaciones a Caracas, Venezuela. Llovió mucho en Caracas y las palabras **por** y **para** desaparecieron (*disappeared*) del mensaje. Completa la tarjeta con **por** o **para**.

Querida Carmen:

Viajé (1) _____ avión desde (*from*) Bogotá y llegué a Caracas el miércoles. El jueves salimos (2) _____ Maracaibo (3) _____ la mañana. Pagué (4) _____ los servicios del guía con mi tarjeta de crédito. Desde Maracaibo hablé (5) _____ teléfono con mis tías en la isla Margarita. Ahora estoy (6) _____ salir otra vez (7) _____ Caracas. (8) _____ ser febrero hace buen tiempo. (9) _____ lo general me gusta Venezuela. Te veo en una semana. Es todo (10) _____ ahora.

Muchos abrazos,

Luisa

Sra. Carmen Peña

Apartado Postal 2616

Bogotá, Colombia

Sudamérica

Querida Carmen:

Viajé

(1) _____

avión desde (*from*) Bogotá

y llegué a Caracas el

miércoles. El jueves salimos

(2) _____ Maracaibo (3) _____ la mañana. Pagué

(4) _____ los servicios del guía con mi tarjeta de crédito. Desde Maracaibo hablé

(5) _____ teléfono con mis tías en la isla Margarita. Ahora estoy

(6) _____ salir otra vez (7) _____ Caracas.

(8) _____ ser febrero hace buen tiempo. (9) _____ lo general

me gusta Venezuela. Te veo en una semana. Es todo (10) _____ ahora.

Muchos abrazos,

Luisa

9-2 En el aeropuerto. Liliana fue de vacaciones. Describe las actividades de Liliana en estos dibujos, usando **por** o **para**.

1.

2.

3.

4.

5.

6.

1. Liliana salió _____ Cartagena de Indias, Colombia, en el vuelo 8284 a las nueve de la mañana.

2. ¿_____ qué fue ella? Ella fue _____ ver la famosa ciudad colonial.

3. _____ supuesto, tuvo que hacer cola _____ facturar su equipaje.

4. Después de facturar su equipaje, ella pasó mucho tiempo caminando

    _____ el aeropuerto.

5. En una de las tiendas del aeropuerto, Liliana compró un regalo _____

    sus amigas en Cartagena. Ella pagó diez dólares _____ el regalo.

6. _____ fin, Liliana salió _____ la puerta de

    salida _____ abordar el avión.

9-3   En la agencia de viajes.   Completa la conversación de Lourdes y Pilar usando **por** o **para**.

1. Lourdes trabaja _____ una agencia de turismo.

2. _____ eso, viaja con frecuencia. _____
   ejemplo, ya visitó Colombia.

3. Un día, su amiga, Pilar, pasó _____ la agencia.

4. Pilar habló _____ media hora de su viaje a Venezuela. Se quedó en
   un hotel fantástico _____ una semana.

5. "_____ Dios", dijo Lourdes. "Tengo que ir a ese hotel de lujo también
   _____ disfrutar de la vista y participar en las actividades
   _____ los turistas".

6. "Sí", respondió Pilar, "y _____ sacar fotos necesitas tu cámara.
   _____ tener cinco años", añadió, "el hotel parece nuevo".

7. Lourdes le preguntó a Pilar: "¿Qué actividades y atracciones hay _____
   los turistas?"

8. _____ la mañana tú puedes bucear o ir de excursión.
   _____ la tarde se puede visitar un castillo y un convento. El guía
   vino _____ nosotros a la una. Fuimos a dar un paseo
   _____ un bosque y _____ un lago
   espectaculares. _____ las noches normalmente nos sentábamos cerca
   de la piscina _____ descansar un poco antes de salir a bailar.

9. "Pues", dijo Lourdes, "_____ no ser profesional, tú sabes más que yo
   que soy agente de turismo".

10. "_____ ahora", respondió Pilar, "me gusta ser turista y no agente.
    Mañana salimos en otro viaje _____ Maracaibo
    _____ cinco días".

11. "¿Necesitas el pasaporte _____ esta tarde?"

12. "No, ya lo tengo", dijo Pilar. "Pero necesito el pasaje, _____ favor".

13. "Ah", dijo Lourdes, "este pasaje es _____ ti. ¡Creía que era

_____ mí!"

14. "Ay de mí", contestó Pilar. "¿_____ qué no te compras un pasaje

_____ Venezuela? ¡Necesitas unas vacaciones inmediatamente!"

2. Adverbs ending in -mente

9-4   ¡Voy inmediatamente!   Gabriel y David son dos hermanos que están en el aeropuerto de Miami. Ellos van a volar a Bogotá. Completa esta descripción de sus actividades y experiencias desde llegar al aeropuerto hasta (*to*) llegar a Bogotá. Usa la forma correcta del adverbio.

1. Entran en el aeropuerto y van (directo) _____ a conseguir (*get*) sus tarjetas de embarque.

2. Los dos fuman (*smoke*), pero (increíble) _____ piden la sección de no fumar.

3. Le dan las maletas al agente (rápido) _____ y van a la sala

de espera para esperar (paciente) _____.

4. El piloto llega (tranquilo) _____. Se viste muy (elegante)

_____ con su uniforme de piloto.

5. ¡Hay una demora de media hora! Los dos hermanos se miran (triste) _____.

6. Por fin llegan las aeromozas. Hablan (animado) _____.

7. ¡Es hora de abordar el vuelo! David y Gabriel pasan por la puerta de salida (alegre)

_____.

8. El avión despega (fácil) _____.

9. Llegan a Bogotá (enorme) _____ felices. (Frecuente)

_____ hay problemas con las llegadas de este vuelo, pero esta vez no.

10. Van (lento) _____ a la sala de reclamación de equipaje. Están cansados.

11. (Afortunado) _____ pasan por la aduana sin dificultades.

Ahora (sólo) _____ es necesario buscar un taxi y disfrutar

(maravilloso) _____ de su visita a Bogotá.

9-5 Obviamente tienen correo electrónico. Andrés y Lorenzo son hermanos también. Andrés vive en Cleveland, Ohio, y Lorenzo vive en Jersey City, Nueva Jersey, pero está visitando Bogotá. Lee este mensaje que describe el viaje de Lorenzo. Escribe los adverbios que faltan.

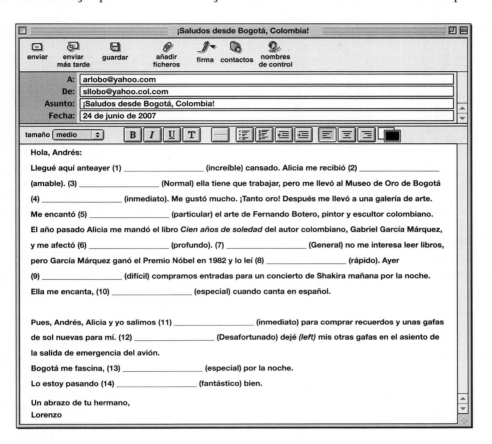

Hola, Andrés:

Llegué aquí anteayer (1) _____ (increíble) cansado. Alicia me recibió (2) _____ (amable).

(3) _____ (Normal) ella tiene que trabajar, pero me llevó al Museo de Oro de Bogotá (4) _____ (inmediato). Me gustó mucho. ¡Tanto oro! Después me llevó a una galería de arte. Me encantó

(5) _____ (particular) el arte de Fernando Botero, pintor y escultor colombiano. El año pasado Alicia me mandó el libro *Cien años de soledad* del autor colombiano, Gabriel García Márquez, y me afectó (6) _____ (profundo). (7) _____ (General) no me interesa leer libros,

pero García Márquez ganó el Premio Nóbel en 1982 y lo leí

(8) _____ (rápido). Ayer

(9) _____ (difícil) compramos entradas para un concierto de

Shakira mañana por la noche. Ella me encanta, (10) _____

(especial) cuando canta en español.

Pues, Andrés, Alicia y yo salimos (11) _____ (inmediato) para

comprar recuerdos y unas gafas de sol nuevas para mí.

(12) _____ (Desafortunado) dejé (*left*) mis otras gafas en el

asiento de la salida de emergencia del avión.

Bogotá me fascina, (13) _____ (especial) por la noche. Lo estoy

pasando (14) _____ (fantástico) bien.

Un abrazo de tu hermano,

Lorenzo

9-6   Usualmente...   Tú quieres impresionar a tu nuevo/a novio/a. Describe cómo haces las
siguientes actividades, usando cinco adverbios diferentes.

1. viajar   _____

2. cantar   _____

3. cocinar   _____

4. hablar español   _____

5. jugar al béisbol _____

3. The Spanish subjunctive: An introduction

9-7 ¡En ruta!   Tú eres el reportero de un programa de viajes en la televisión. El programa de hoy está dedicado a las personas que salen de su país por primera vez. Para terminar el programa tú haces algunas recomendaciones.

MODELO: Quiero / ustedes hablar con una agencia de viajes
Quiero que ustedes hablen con una agencia de viajes.

1. Les aconsejo / ustedes comprar un pasaje de ida y vuelta

   _____

2. Es importante / la agencia darles información turística

   _____

3. Sugiero / ustedes pedir los servicios de un guía

   _____

4. Insisto en / ustedes llegar al aeropuerto con tiempo

   _____

5. Les recomiendo / ustedes hacer cola para abordar el avión inmediatamente

   _____

6. Deseo / ustedes estar contentos con el hospedaje

   _____

7. Espero / ustedes tener una experiencia maravillosa

   _____

Nombre: _____   Fecha: _____

9-8 Un jefe muy particular.   Tú trabajas en una agencia de viajes y tienes un jefe muy particular. Aunque tú haces todas las cosas cuidadosamente, tu jefe no está contento y quiere que hagas algunas cosas de manera diferente. Ahora tú le cuentas a tu amigo/a todos los problemas que tienes en el trabajo.

MODELO: Yo arreglo los folletos por la mañana, pero mi jefe quiere que los *arregle* por la mañana y por la tarde.

1. Yo les pregunto a los clientes cuál es su preferencia para sentarse en el avión, pero mi jefe no

   quiere que les _____ esto a los clientes.

2. Yo les digo a los clientes algunas de las actividades que van a hacer, pero mi jefe quiere que

   les _____ todas las actividades que van a hacer.

3. Yo les recomiendo a los clientes el tipo de ropa que deben llevar, pero mi jefe no quiere que

   les _____ lo que deben llevar.

4. Yo les aconsejo a los clientes que tengan su pasaporte listo una semana antes del viaje, pero

   mi jefe quiere que les _____ que tengan su pasaporte listo tres semanas antes

   del viaje.

5. Yo les sugiero a los clientes que paguen todo con tarjeta de crédito, pero mi jefe quiere que

   les _____ que lleven cheques de viajero también.

6. Yo les hago las reservas a los clientes el mismo día, pero mi jefe quiere que les

   _____ las reservas inmediatamente.

7. Yo empiezo sugiriendo los hoteles más económicos a los clientes, pero mi jefe quiere que

   _____ sugiriendo los hoteles más caros.

4. The subjunctive to express volition

9-9 Quiero ser guía turístico.   Tú eres un guía turístico muy bueno y tu amigo/a quiere prepararse para ser guía también. Él/Ella te pide que le des algunos consejos. ¿Qué le recomiendas?

MODELO: Te recomiendo / aprender muchas lenguas extranjeras
Te recomiendo que aprendas muchas lenguas extranjeras.

1. Te aconsejo / viajar a muchos países

   _____

2. Insisto en / conocer muchas culturas diferentes

   _____

3. Te sugiero / aprender a usar la computadora bien

   _____

4. Te pido / buscar una escuela de turismo buena

   _____

5. Quiero / encontrar un buen trabajo después de graduarte

   _____

6. Deseo / tener mucho éxito

   _____

9-10 Shakira.   Tú trabajas para una revista de música muy importante y hoy tienes la oportunidad de entrevistar a Shakira, la primera cantante colombiana en ganar un Grammy Latino. Ahora escribe un artículo para describir algunos de los deseos de la cantante.

MODELO: sus admiradores / asistir a sus conciertos
Desea que sus admiradores asistan a sus conciertos.

1. sus admiradores / poder escuchar su música fácilmente

   _____

2. sus amigos / conversar con ella a menudo

   _____

3. su música / ser alegre

_____

4. la gente / respetar los derechos de autor (*copyrights*) de los artistas

_____

5. su familia / ser feliz

_____

6. en Colombia / haber paz permanentemente

_____

7. su agente / conseguirle conciertos en Europa

_____

9-11 ¿Qué quieren los profesores y los estudiantes? ¿Piensas que los profesores y los estudiantes quieren las mismas cosas? Primero, completa las oraciones (*sentences*) siguientes, anticipando lo que quieren los profesores.

MODELO: Los profesores desean que los estudiantes…
                Los profesores desean que los estudiantes estudien para
                cada una de sus clases por dos horas.

1. Aconsejan que los estudiantes…

_____

2. Sugieren que los estudiantes…

_____

3. Insisten en que los estudiantes…

_____

4. Piden que los estudiantes…

_____

5. Prefieren que los estudiantes…

_____

9-12 ¿Son tus opiniones correctas?   Ahora necesitas saber si tus opiniones son correctas. Convierte las oraciones de la actividad 9-11 en preguntas; luego pregúntaselas a tu profesor/a. Después escribe las respuestas de tu profesor/a.

MODELO: Los profesores desean que los estudiantes estudien para cada una de sus clases por dos horas.
¿Desean los profesores que los estudiantes estudien para cada una de sus clases por dos horas?

1. _____

_____

2. _____

_____

3. _____

_____

4. _____

_____

5. _____

_____

Nombre: _____ Fecha: _____

9-13 ¿Tienen los estudiantes y los profesores los mismos deseos? Con la información que tienes de los profesores, escribe oraciones que expresen la opinión de los estudiantes también.

MODELO: Sí, nosotros deseamos que ustedes estudien para cada una de sus clases por dos horas.
Los profesores desean que nosotros estudiemos para cada una de nuestras clases por dos horas, pero nosotros solamente deseamos estudiar una hora por clase.

1. _____
2. _____
3. _____
4. _____
5. _____

Palabras nuevas

9-14 ¡Así se dice!   Tú eres el/la profesor/a de español. Estás explicándoles a tus estudiantes el nuevo vocabulario del capítulo. En oraciones completas, diles qué son estas cosas. No uses la palabra en tu descripción.

MODELO: la fuente
Es una escultura con agua.
Frecuentemente está en la plaza central de una ciudad.

1. el fuerte

_____

_____

2. el rollo de película

_____

_____

3. la isla

_____

_____

4. el mar

_____

_____

5. el hospedaje

_____

_____

6. el río

_____

_____

7. la estadía

_____

_____

8. pescar

_____

_____

9. aterrizar

_____

_____

10. la flor

_____

_____

¡Así conversamos!

9-15   Preparando un viaje.   ¿Qué puedo hacer este fin de semana?

E1: Tú estás de viaje de negocios en Bogotá y decides quedarte unos días más para conocer Colombia. Tú vas a una agencia de viajes para informarte de lo que puedes hacer durante un fin de semana. Al final, decides ir a uno de los lugares que el/la agente (tu compañero/a) te recomienda.

E2: Tú trabajas en una agencia de viajes que se especializa en viajes de fin de semana. Hazle recomendaciones a tu cliente sobre diferentes lugares que se pueden visitar o diferentes actividades que se pueden hacer en un fin de semana. Al final, prepara el boleto y las reservas para tu cliente (tu compañero/a).

¡Así escribimos!

9-16   Diseñador/a gráfico/a (*Graphic designer*).   Tú eres diseñador/a gráfico/a y trabajas en una compañía de páginas Web. Tu jefe te encargó hacer una página Web para el hotel Palace Arenal y solamente te dio la siguiente información. Como es muy importante representar bien al hotel, tú tienes que añadir toda la información necesaria para atraer a los turistas.

Nombre:	Palace Arenal
Ubicación:	Centro de Bogotá. Situado en una casa colonial recientemente renovada (*remodeled*)
Nº habitaciones:	69 habitaciones modernas con muebles elegantes
Otros servicios:	Acceso gratuito a Internet
	Duchas hidro-masaje
	Desayuno incluído
	Aire acondicionado
	Mini-bar
	Televisión
	Teléfono
	Servicio despertador

_____

_____

_____

_____

_____

_____

_____

_____

_____

_____

Nombre: _____   Fecha: _____

¿Ya lo sabes todo?

9-17 ¡Así lo aplicamos!   ¿Viajaste alguna vez? Descríbeme tu experiencia, contestando estas preguntas. ¡Tengo mucha curiosidad!

1. ¿Adónde fuiste?

_____

2. ¿Hiciste reserva? ¿Dónde?

_____

3. ¿Usaste un folleto para informarte del viaje?

_____

4. ¿Cuánto pagaste por el paquete? ¿Por el pasaje de ida y vuelta? ¿Por las comidas y las excursiones?

_____

_____

5. ¿Por qué o para qué fuiste allí?

_____

_____

6. ¿Cómo lo pasaste? [Contesta usando dos adverbios.]

_____

_____

7. ¿Qué me recomiendas para cuando yo viaje?

_____

8. ¿Quieres que yo sepa algo más de tu viaje? ¿Qué?

_____

9. ¿Qué me aconsejas hacer cuando vaya de viaje? [Contesta con dos actividades diferentes. No repitas ningún verbo y usa el subjuntivo.]

_____

_____

10   ¡Tu salud es lo primero!

1. *Nosotros* commands

10-1   ¡Un enfermo aburrido!   Tu hermano pequeño está algo enfermo y tu madre te pide que lo cuides mientras ella va a hablar con el médico. El pequeño está muy aburrido y no acepta ninguna de tus sugerencias.

MODELO: ver una película en la televisión
Veamos una película en la televisión.
No, no quiero.

1. leer un cuento de aventuras

_____

No, no quiero.

2. hacer un dibujo en el cuaderno

_____

No, no quiero.

3. dormir un poco

_____

No, no quiero.

4. jugar un video juego

_____

No, no quiero.

Nombre: _____ Fecha: _____

5. llamar por teléfono a tus amigos

_____

No, no quiero.

6. beber leche

_____

No, no quiero.

10-2 ¡Un turista difícil! Tú trabajas como guía turístico y en este viaje a Bolivia y Paraguay tienes un/a turista muy difícil en el grupo. Cuando tú sugieres algo, él/ella nunca está de acuerdo.

MODELO:　　¿Quieren visitar el museo esta tarde?
　　　　　　　No, *visitémoslo* mañana.

1. ¿Quieren hacer jogging en el parque?

No, _____ en el gimnasio del hotel.

2. ¿Quieren escuchar música andina el martes?

No, _____ el jueves.

3. ¿Quieren comer en un restaurante al aire libre?

No, _____ en uno con aire acondicionado.

4. ¿Quieren ir a comprar recuerdos al centro?

No, _____ al centro comercial.

5. ¿Quieren viajar al lago Titicaca este fin de semana?

No, _____ a La Paz.

6. ¿Quieren salir el lunes para Paraguay?

No, _____ el domingo.

2. Indirect commands

10-3 El médico en casa.   Tu compañero/a de cuarto tiene un resfriado. Como es muy tarde para ir al médico, tú llamas a tu madre para saber lo que ella recomienda. Ahora dile a tu compañero/a lo que tu madre recomienda.

Mi madre dice:

MODELO: descansar mucho
Que descanses mucho.

1. no fumar

   _____

2. tomarte la temperatura

   _____

3. beber mucho líquido

   _____

4. tomar una aspirina

   _____

5. hacer una cita con el médico mañana

   _____

6. tratar de dormir

   _____

10-4 ¡Un doctor súper ocupado!   María es la enfermera de un médico muy famoso y muy ocupado. Ahora el doctor acaba de llamar a la oficina pidiendo que se hagan algunas cosas porque él salió tarde de cirugía y va a llegar tarde al consultorio. Tú eres el/la secretario/a que tomó el mensaje y ahora contestas las preguntas de María.

MODELO: ¿Tengo que preparar las pruebas de los pacientes?
No, el doctor dice que sólo *prepares* las del señor Beltrán.

1. ¿Tengo que llamar a los pacientes?

   No, el doctor dice que no _____ a los pacientes.

2. ¿Tengo que hacer el examen físico del primer paciente?

   Sí, el doctor dice que _____ el examen físico del primer paciente.

3. ¿Tengo que poner las inyecciones personalmente?

   No, el doctor dice que las _____ el enfermero asistente.

4. ¿Tenemos que cancelar algunas citas?

   No, el doctor dice que no _____ ninguna cita.

5. ¿Tenemos que tomar la presión a los pacientes?

   Sí, el doctor dice que _____ la presión a los pacientes.

6. ¿Tengo que ordenar los antibióticos?

   No, el doctor dice que los _____ la enfermera asistente.

3. The subjunctive to express feelings and emotions

10-5 ¡Tu salud es lo primero! La Madama Sultana tiene una sesión de espiritismo (*séance*) contigo y tu familia, y les dice lo que oye de los miembros de la familia que ya murieron (*died*). Pero hay un problema. A veces parte del mensaje se pierde (*fades*). Ella no oye bien, pero tú sí. Termina cada (*each*) oración con la forma correcta del verbo en el subjuntivo.

1. Tu abuela, Sara, dice que se alegra de que tú _____ (estar) aquí.

2. Tu bisabuelo (*great grandfather*) lamenta que tú _____ (subir) de peso.

3. Jacobo, el padre de tu padre, le dice que teme que tu padre _____ (tener) diabetes.

4. Tu tía, Liliana, se sorprende de que _____ (haber) comunicación hoy.

5. A tu primo le molesta que su madre no _____ (mantenerse) en forma.

6. Tu madre espera que sus hijas _____ (hacer) ejercicios aeróbicos.

7. Tu tío, David, siente que su hija, Sandra, _____ (padecer) estrés.

8. Todos tus parientes (*relatives*) muertos están contentos de que ustedes

   _____ (ir) a hacerse un examen físico cada año.

10-6   Su condición física.   Termina las oraciones de una manera personal para indicar tus pensamientos (*thoughts*) sobre la salud de los miembros de tu familia y de tus amigos/as.

1. Espero que _____

2. Me alegro de que _____

3. Siento que _____

4. Temo que _____

5. Lamento que _____

6. Me sorprende que _____

10-7   ¡Ojalá!   El señor Méndez siempre le dice a la Doctora Cordeiro lo que va a hacer. Ella reacciona.

La Doctora Cordeiro

MODELO: En el futuro voy a levantar pesas.
   ¡Ojalá que usted levante pesas!

1. Voy a hacer jogging todos los días.

   _____

2. Este año voy a adelgazar.

   _____

3. Voy a estar a dieta por tres meses.

   _____

4. Ya no voy a fumar cigarrillos nunca más.

_____

5. Voy a beber menos bebidas alcohólicas.

_____

6. Voy a comer menos grasa y carbohidratos.

_____

7. Voy a bajar mi colesterol con más ejercicio.

_____

8. En fin, voy a mejorarme y guardar la línea.

_____

10-8   ¡Que tengamos un futuro fantástico!   Escribe cinco de tus esperanzas (*hopes*) relacionadas con (*related to*) mejorar tu salud o tener buena salud. Empieza cada oración con **"Ojalá que yo…"**

1. _____

2. _____

3. _____

4. _____

5. _____

10-9 ¿Necesita Carolina un médico?   ¿Qué le dicen estos médicos a Carolina? Termina sus consejos y diagnósticos.

MÉDICOS	MÉDICOS
Dr. Reinaldo Soto Cirugía General Avenida Piraí No.134 Santa Cruz, Bolivia **(591-3) 555366**	**Dra. Constanza Romero** Oftalmología Avenida Roca y Coronado No. 229 Santa Cruz, Bolivia **(591-3) 552975**
Dra. Patricia Valdés Medicina Interna Avenida Ballivián No. 421 Santa Cruz, Bolivia **(591-3) 555747**	**Dr. José Gutiérrez** Gastroenterología Avenida Velarde No. 622 Santa Cruz, Bolivia • Avenida Manuel Ignacio Salvatierra 1003 Santa Cruz, Bolivia **(591-3) 557414**

1. El Dr. Soto: "Estoy contento de que…

   _____".

2. La Dra. Valdés: "Siento que…

   _____".

3. La Dra. Romero: "Ojalá que…

   _____".

4. El Dr. Gutiérrez: "Tengo miedo de que…

   _____".

4. The subjunctive to express doubt and denial

10-10 ¡Decisiones, decisiones!   ¡Hay que (*One must*) eliminar la indecisión de la vida! ¡No tengamos duda! Decide si es necesario un verbo en el indicativo o en el subjuntivo. Subraya el verbo correcto.

1. Creo que (voy/vaya) a tomar un calmante para mi estrés.

2. Yo (bajo/baje) de peso, quizás.

3. No estoy seguro/a de que (hay/haya) suficiente proteína en la comida.

4. Dudo que Lorenzo (tiene/tenga) alergia al chocolate.

5. No negamos que el médico (es/sea) bueno.

6. Están seguros/as de que el doctor les (da/dé) un jarabe para la tos.

7. Niego que mi amigo (conoce/conozca) los síntomas de esa enfermedad.

8. (Vamos/Vayamos) a ponernos en forma, tal vez.

9. Quizás la aspirina (empieza/empiece) a aliviarme la artritis.

10. No creo que mi bebé (siente/sienta) la inyección.

10-11 ¡Me gusta ser original! Escribe ocho oraciones originales con respecto a (*about*) la salud, usando las expresiones indicadas y el banco de verbos.

buscar	ver	poner	venir
dormir	decir	llegar	pensar

1. Dudo que _____

   _____.

2. ¿Crees que _____

   _____?

3. Tal vez _____

   _____.

4. Ignacio niega que _____

   _____.

5. Los estudiantes no creen que _____

   _____.

6. Quizás _____

   _____.

7. Estoy seguro/a de que _____

   _____.

8. Nosotros/as creemos que _____

   _____

Palabras nuevas

10-12 ¡Así se dice! Sergio es turista en La Paz, Bolivia, y no se siente bien. Le duelen muchas partes del cuerpo pero no puede recordar la palabra exacta. Con las descripciones que él usa, ayuda a Sergio y escribe la parte del cuerpo a que se refiere.

1. Toso y cuando hablo me duele.

   _____

2. Tengo dolor en esta parte del cuerpo donde están los ojos, la nariz y las orejas.

   _____

3. Me corté un dedo de la mano esta mañana con un folleto para Tiahuanaco y salió del dedo un líquido rojo. ¿Cómo se llama?

   _____

4. Una vez me rompí un hueso en esta parte del cuerpo con que caminamos. Ahora me duele si llueve.

   _____

5. Voy al dentista, tal vez, porque me molesta mucho esta parte de la boca.

   _____

6. La Paz está a una altura de 3.510 metros y es difícil respirar. Me duelen…

   _____.

7. Tengo dolor de espalda y me duele esta parte del cuerpo porque ayer llevé muchas maletas todo el día.

   _____

10-13 ¿Cuál es la palabra? Ahora Sergio va al consultorio del doctor Chiringa. Todavía (*Still*) le falta la palabra necesaria. ¡Ayuda al pobre Sergio!

1. Soy la persona que visita el consultorio del médico.

   _____

2. Necesito esto para saber si mi problema es un resfriado, la gripe o alergias a las flores y plantas en La Paz.

   _____

3. Cuando tengo una infección grave debo tomar esta medicina.

   _____

4. Dr. Chiringa, usted me da este papel para pastillas. Esta acción se llama…

   _____

5. Usted me recomienda que debo hacer esto para descansar totalmente por un día.

   _____

6. Usted me sugiere que lo vea otra vez pasado mañana para ver si mejoró mi salud. Tengo que hablar con la recepcionista y…

   _____

¡Así conversamos!

10-14   Una persona muy insistente.

E1:   Tú estás hablando por teléfono con un/a chico/a que conociste ayer. Él/Ella te llama para invitarte a salir pero tú no estás interesado/a. Como no quieres ser muy franco/a le dices que no te sientes muy bien. Ahora le explicas los síntomas que tienes, pero esta persona te ofrece una solución para cada una de tus excusas. Al final aceptas salir por una hora a tomar un café.

E2:   Ayer tú conociste a un/a chico/a que te impresionó mucho. Ahora lo/la llamas para invitarlo/la a salir. Él/Ella no puede porque no se siente muy bien y te explica todos los síntomas que tiene. Como tú estás muy interesado/a le ofreces una solución para todos sus problemas. Al final él/ella acepta salir para tomar un café.

¡Así escribimos!

10-15   Un incidente.   Describe un incidente (verdadero o imaginado) que te ocurrió en la oficina de un/a doctor/a o alguna vez que estabas enfermo/a. Describe lo que pasó exactamente. Habla de las circunstancias, el problema o problemas, las acciones, las soluciones, etc.

_____

_____

_____

_____

_____

_____

_____

_____

_____

_____

_____

_____

¿Ya lo sabes todo?

10-16 ¡Así lo aplicamos!   Tu amigo/a y tú tienen que mejorar su salud. Él/Ella te hace preguntas. Contéstalas.

1. Tú y yo tenemos sobrepeso. ¿Qué hacemos? [Mandato (*Command*) nosotros]

    _____

2. Fumamos demasiado. ¿Qué hacemos? [Mandato nosotros]

    _____

3. ¡Qué mal me siento! Me duele la boca, la lengua y la garganta. Tengo fiebre. ¿Qué me recomiendas? [Mandato indirecto]

    _____

4. Yo no puedo comer los productos lácteos. ¿Qué hago? [Espero que…]

    _____

5. Tú y yo bebemos demasiadas bebidas alcohólicas. [Ojalá que…]

    _____

6. Tú y yo comemos frecuentemente en McDonald's. ¿Qué hacemos? [Quizás…]

    _____

11 ¿Para qué profesión te preparas?

1. The subjunctive with impersonal expressions

11-1 ¿Cuál uso?   Estoy confundido/a (*confused*). ¿Uso el indicativo, el subjuntivo o el infinitivo? ¡Necesito mucha ayuda! Subraya la forma correcta del verbo.

1. Es verdad que el/la intérprete (traduce/traduzca/traducir) de una lengua a otra.

2. Es necesario que el/la electricista (repara/repare/reparar) la luz.

3. Es obvio que el/la dentista me (quita/quite/quitar) el dolor de muelas.

4. Es difícil (consigo/consiga/conseguir) trabajo.

5. Es dudoso que el/la cocinero/a nos (prepara/prepare/preparar) una comida divina.

6. Es urgente que el/la ingeniero/a (examina/examine/examinar) el puente (*bridge*) en Las Cataratas de Iguazú.

7. Es extraño que el/la peluquero/a me (corta/corte/cortar) mal el pelo.

8. Es una lástima que el/la cartero/a no (tiene/tenga/tener) la carta del gerente.

9. Es cierto que el (la mujer) mecánico (sabe/sepa/saber) cambiar (*to change*) la llanta (*tire*).

10. Es indispensable que el/la contador/a (usa/use/usar) una calculadora.

11-2 ¡El mentiroso (*liar*)! Tu amigo miente (*lies*) mucho. Siempre exagera cuando habla de su trabajo. Haz comentarios sobre sus exageraciones y mentiras, usando una de las expresiones siguientes.

MODELO: Mis cualificaciones son mejores que las del gerente.
Es imposible que tus cualificaciones sean mejores que las del gerente.

No es verdad	Es improbable	Es imposible
Es dudoso	Es increíble	Es extraño

1. Mi despacho es el más grande de la compañía.

   _____

2. Mi jefe deja el trabajo y yo voy a ser el nuevo jefe.

   _____

3. A mi supervisor le gusta mucho mi expediente.

   _____

4. Mi bonificación anual cuesta a la compañía miles de dólares.

   _____

5. El director de mi compañía conoce a Benjamin Bratt.

   _____

6. El presidente del Uruguay me escribe una recomendación.

   _____

11-3   Mis consejos.   Graciela va a buscar un nuevo trabajo y tú le das muchos consejos. Usa el banco de verbos para completar tus consejos.

MODELO: *Es necesario que vayas temprano.*

ir	hacer	ver
ser	escribir	pedir

1. Es indispensable _____

_____.

2. Es urgente _____

_____.

3. Es preciso _____

_____.

4. Es mejor _____

_____.

5. Es importante _____

_____.

6. Es bueno _____

_____.

11-4   Mi reacción.   Indica tu reacción a lo que pasa en estos oficios y estas profesiones. Usa una expresión impersonal apropiada.

MODELO: El/La contador/a prepara bien los formularios para pagar los impuestos.
Es importante que el/la contador/a prepare bien los formularios para pagar los impuestos.

1. El/La bombero/a apaga fuegos día y noche.

_____

2. El/La plomero/a repara las tuberías (*pipes*) de mi cocina por donde sale el agua.

_____

3. El/La profesor/a me da una "F" en el examen.

_____

4. El/La arquitecto/a no diseña bien el plan para la clínica dental.

_____

5. El/La secretario/a escribe mal a máquina.

_____

6. El/La veterinario/a cura a todos los animales.

_____

7. El/La periodista no sabe hacer entrevistas.

_____

2. Formal commands

11-5 Un buen trabajo. Juan tiene un nuevo trabajo como acomodador (*usher*) en el Teatro Colón de Buenos Aires. Ahora su jefe/a le dice lo que tiene que hacer.

MODELO: No llegar tarde
No llegue tarde.

1. Estacionar en el estacionamiento para los empleados

_____

2. No traer bebida ni comida al teatro

_____

3. Hablar en voz baja (*in a low voice*) cuando esté trabajando

_____

4. Recoger las entradas en la puerta

_____

5. No entrar en el teatro después de empezar la función

_____

6. Estar preparado en todo momento

_____

Nombre: _____   Fecha: _____

11-6 Mi Buenos Aires querido.   A ti te encanta el tango y ahora decidiste aprender a bailarlo. Para aprender rápidamente, vas a tomar clases en una escuela de baile. ¿Qué te dice el/la profesor/a?

MODELO: Mirar a los ojos de su pareja
Mire a los ojos de su pareja.

1. Mantener la cabeza levantada (*up*)

_____

2. No separarse de su pareja

_____

3. Dar la vuelta a la derecha

_____

4. Caminar tres pasos

_____

5. Sentir la música

_____

6. Escuchar el ritmo del acordeón

_____

11-7 ¡Ay, la tecnología!   Tus abuelos finalmente decidieron comprar una computadora y aprender a usarla. Ellos te piden consejo. Diles lo que tienen que hacer.

MODELO: Mirar en muchas tiendas antes de comprarla
Miren en muchas tiendas antes de comprarla.

1. Hacer muchas preguntas al dependiente

_____

2. Buscar algunos cupones de descuento

_____

3. No comprar una computadora barata

_____

4. Contratar los servicios de correo electrónico

_____

5. No olvidarse de comprar discos para la computadora

_____

6. Tener cuidado al instalarla

_____

7. Tomar una clase de computación

_____

3. The subjunctive and the indicative with adverbial conjunctions

11-8 ¡Siempre con prisa!   Tú eres el/la secretario/a en una compañía de importación y exportación y tu jefe/a llama para decir que va a llegar tarde. Completa el mensaje para saber lo que tienes que hacer.

¡Buenos días! Llamo para decir que no puedo llegar a la oficina antes de que los Sres. Ortiz

(1) _____ (llegar). En caso de que los Sres. Ortiz (2) _____

(llamar), dígales que voy a llegar media hora tarde. Sin que usted (3) _____

(tener) que dejar su trabajo, por favor esté alerta. Cuando (4) _____ (ver) a los

Sres. Ortiz, ofrézcales algo de beber para que (5) _____ (sentirse) cómodos. En

cuanto los Sres. Ortiz (6) _____ (llegar), llámeme por teléfono, pero sin que

ellos lo (7) _____ (saber). Yo voy a ir a la oficina tan pronto como

(8) _____ (terminar) la reunión, después de que el presidente de la compañía

(9) _____ (presentar) el plan para el próximo año.

¿Tiene alguna pregunta?

Nombre: _____ Fecha: _____

11-9 Un/a nuevo/a secretario/a. Tú eres el/la director/a de una oficina y el/la nuevo/a secretario/a del/de la presidente/a de la compañía te hace muchas preguntas. Tú se las contestas rápidamente para poder seguir con tu trabajo.

1. ¿A qué hora debo llegar?

   Debe llegar a la hora que usted quiera con tal que _____ (ser) antes de las nueve.

2. ¿Debo pasar por su oficina cuando llegue?

   Sí, es mejor que pase por mi oficina para que yo _____ (saber) que usted está aquí.

3. ¿Hasta qué hora debo trabajar?

   Debe trabajar hasta que _____ (terminar) las cosas urgentes de ese día.

4. ¿Puedo salir cuando termine las cosas urgentes?

   Sí, puede salir en cuanto _____ (acabar) las cosas urgentes.

5. ¿Cuándo debo preparar los expedientes?

   Prepárelos antes de que _____ (llegar) el presidente.

6. ¿Cuándo debo tomar notas?

   Siempre debe tomar notas a menos que el presidente le _____ (dar) la información por correo electrónico.

7. ¿Tengo que ordenar los papeles del presidente?

   Sí, ordénelos todos los días sin que el presidente se lo _____ (pedir).

Palabras nuevas

11-10 ¡Así se dice!   Te voy a describir varias cosas asociadas con el mundo del trabajo. Identifícalas.

1. Es cuando no se tiene un trabajo.

_____

2. Es el propósito (*purpose*) final al que se llega o al que se aspira.

_____

3. Es lo que se hace al final de la carrera profesional cuando ya no se trabaja.

_____

4. Es cuando hay un puesto de trabajo pero no hay ninguna persona para ese puesto.

_____

5. Es lo que se es cuando se tienen todas las características y habilidades para completar una tarea (*task*).

_____

6. Es la persona que defiende a los inocentes y a los criminales.

_____

7. Es la persona que trabaja con computadoras.

_____

8. Es el acto de eliminar a un empleado que no hace su trabajo bien.

_____

11-11   Juego de palabras.   El coordinador de tu grupo en el trabajo te dio la responsabilidad de formar tantas palabras como sean posibles, usando las letras de la palabra **entrenamiento.** Las necesita para una presentación que va a hacer a las ocho de la mañana el lunes. ¡Hoy es viernes y sólo tienes media hora para completar la tarea antes de salir del trabajo! ¡Caramba! (*Confound it!/Gracious me!*) ¡Suerte! ¡Empieza ya!

ENTRENAMIENTO

1.	11.	21.
2.	12.	22.
3.	13.	23.
4.	14.	24.
5.	15.	25.
6.	16.	26.
7.	17.	27.
8.	18.	28.
9.	19.	29.
10.	20.	30.

¡Así conversamos!

11-12   ¡Convenciendo a papá/mamá!

E1: Tú quieres dedicarte a la música y ser cantante de rock. Tu padre/madre (tu compañero/a) quiere que asistas a la universidad y tengas una profesión más convencional. Trata de convencer a tu padre/madre de que tu futuro va a ser bueno, aunque te dediques a la música. Menciona las ventajas de ser cantante de rock, de trabajar en lo que te gusta, etc.

E2: Tu hijo/a (tu compañero/a) quiere ser cantante de rock. Tú no crees que la música sea una profesión muy segura y tratas de convencerlo/la para que asista a la universidad y se prepare para una profesión más convencional y segura. Háblale de las ventajas de las profesiones convencionales, etc.

¡Así escribimos!

11-13   Tu profesión ideal.   Describe tu profesión ideal. Di las ventajas y desventajas que en tu opinión tiene y por qué te parece que es la profesión ideal.

_____

_____

_____

_____

_____

_____

_____

_____

_____

_____

_____

_____

_____

_____

_____

_____

_____

_____

_____

¿Ya lo sabes todo?

11-14 ¡Así lo aplicamos!   Estás muy, muy nervioso/a porque vas a tener una entrevista de trabajo. La entrevista es para un puesto de verano como secretario/a en el Instituto Jorge Luis Borges en Buenos Aires, Argentina. ¡El puesto tiene un salario fenomenal y te interesa mucho! Ahora el Sr. de la Plata, director del Instituto, te hace la entrevista. Contesta honestamente sus preguntas.

1. Usted dice que habla español. ¿Es verdad?

   Sí, es cierto _____

   _____.

2. Usted dice en su carta que necesita salir temprano los lunes.

   Sí, es necesario _____

   _____.

3. ¿Qué más necesita usted en este puesto?

   Es indispensable _____

   _____.

4. ¿Cuándo puede usted mostrarme su habilidad (*ability*) con la computadora?

   Puedo mostrarle mi habilidad con la computadora cuando _____

   _____.

5. ¿En qué circunstancias no trabaja usted?

   Siempre trabajo a menos que _____

   _____.

6. ¿Cuando puede usted empezar a trabajar?

   Puedo empezar tan pronto como _____

   _____.

7. Necesito saber cómo usted reacciona en las siguientes situaciones: su jefe necesita un

   expediente. Él dice: "_____".

   [Contesta con un mandato formal de "traerme el expediente".] ¿Qué hace usted? Yo se lo

   traigo.

8. ¿Qué me dice usted a mí, el director del Instituto, cuando usted entra en mi oficina y voy a

   levantarme? [Contesta con un mandato formal de "no levantarse".]

   Le digo: "_____".

9. Y finalmente, ¿qué me contesta usted a mí cuando yo necesito escribirle una carta comercial

   a un cliente? [Responde con un mandato formal de "dictarme la carta".]

   Sr. director, le contesto: "_____

   _____".

12   El futuro es tuyo

1. The past participle and the present perfect indicative

12-1   ¡Benditas computadoras!   Tú no puedes hacer funcionar tu computadora y cansado/a de probar diferentes soluciones decides llamar al servicio de apoyo técnico. Los técnicos te dan una serie de mandatos para resolver el problema, pero tú ya los has hecho todos.

MODELO: Desconéctese de la Red informática.
Ya me he desconectado.

1. Archive todos los documentos.

   _____

2. Imprima una página de prueba.

   _____

3. Desconecte el escáner.

   _____

4. Mire la impresora para ver si está conectada.

   _____

5. Apague el juego electrónico.

   _____

6. Saque el disquete.

   _____

7. Cierre el programa.

   _____

8. Encienda la computadora otra vez.

   _____

9. Ponga otro disquete.

   _____

   —Lo siento. Ya no sé qué hacer. Llame mañana.

12-2   Vacaciones en familia.   Tú vas a ir de vacaciones con tu familia a Nuevo México. Di lo que han hecho ustedes antes del viaje.

MODELO: Mis padres / buscar los boletos de avión
Mis padres han buscado los boletos de avión.

1. Mi padre / confirmar las reservas del hotel

   _____

2. Mi hermano/a y yo / arreglar nuestra ropa

   _____

3. Mi hermano/a / seleccionar los CD de música que va a llevar

   _____

4. Yo / preparar mi equipo de fotografía

   _____

5. Todos nosotros / llamar a nuestros amigos

   _____

6. Mi madre / comprar una guía de Nuevo México

   _____

12-3 La mudanza (*move*).   Tus compañeros/as y tú se van a mudar (*move*) a otro apartamento, y tus padres han llegado para ayudarlos. Como siempre, tu madre te hace algunas preguntas para saber si han hecho todo lo que debían hacer. Contesta sus preguntas afirmativamente.

Modelo: ¿Desconectaste el teléfono y el cable de la televisión?
Sí, ya los he desconectado.

1. ¿Recogiste todos tus libros?

_____

2. ¿Pusiste toda tu ropa en cajas (*boxes*)?

_____

3. ¿Limpiaste bien los baños?

_____

4. ¿Tu compañero/a de cuarto cambió la dirección en la oficina de correos?

_____

5. ¿Fuiste a cancelar la cuenta en el banco?

_____

6. ¿Tus compañeros/as y tú devolvieron todas las películas a la tienda de videos?

_____

7. ¿Escribió tu compañero/a a la compañía de agua?

_____

8. ¿Vieron tus compañeros/as el nuevo apartamento?

_____

2. The present perfect subjunctive

12-4   Un semestre en otro país.   Tu amigo/a va a estudiar español por un semestre en Costa Rica. Como tú estuviste allí el año pasado, le has ayudado mucho. Completa la conversación con tu amigo/a.

MODELO: Espero que _____ (escribir) a tu familia anfitriona (*host family*).
Espero que *hayas escrito* a tu familia anfitriona.
—Sí, ya le escribí.

1. Ojalá que _____ (comprar) un buen diccionario inglés-español.

   —Sí, ya lo compré.

2. Es una lástima que no _____ (conseguir) un teléfono móvil de uso internacional.

   —Sí, lo conseguí.

3. Espero que alguien te _____ (dar) una guía turística de Costa Rica.

   —Sí, me la dieron.

4. No creo que _____ (visitar) la página web sobre Costa Rica.

   —Sí, ya la visité.

5. Es importante que _____ (fotocopiar) tus documentos.

   —Sí, ya los fotocopié.

6. Ojalá que tus padres te _____ (regalar) una computadora portátil.

   —Sí, me la regalaron.

7. Dudo que _____ (hacer) las maletas.

   —Sí, ya las hice.

8. Deseo que mis consejos te _____ (servir).

   —Sí, me sirvieron mucho.

9. No te escribo hasta que me _____ (mandar) un mensaje por correo electrónico.

   —Sí, de acuerdo.

12-5   Un día terrible.   Tú amigo/a te llama por teléfono para contarte que ha tenido un día terrible. Como eres muy buen/a amigo/a tratas de ser amable con él/ella.

MODELO: Tenía una entrevista importante y mi novio/a se ha llevado el coche.
         Siento que *tu novio/a se haya llevado el coche.*

1. He tomado un autobús para ir a la entrevista pero el autobús ha llegado tarde.

   Es una pena que _____

2. Pienso que no he hecho muy bien la entrevista.

   Es imposible que _____

3. Creo que no han entrevistado a muchos candidatos.

   Ojalá que _____

4. Estoy seguro/a de que no han recibido mis cartas de recomendación.

   Dudo que _____

5. He estudiado mucho para el examen de informática pero creo que el examen no me ha salido bien.

   Ojalá que _____

6. No he podido terminar mi proyecto de programación.

   Me sorprende que _____

3. The future and the future of probability

12-6 ¿Qué has hecho hoy? Tu compañero/a está algo deprimido/a (*depressed*), y hoy no ha hecho nada. Cuando le preguntas si ha hecho algunas cosas, él/ella te contesta que lo hará mañana.

MODELO: ¿Fuiste a clase?
               Iré mañana.

1. ¿Terminaste de escribir tu solicitud?

   _____

2. ¿Pudiste leer los anuncios del periódico?

   _____

3. ¿Programaste la computadora?

   _____

4. ¿Pediste las cartas de recomendación?

   _____

5. ¿Hiciste el trabajo para la clase de historia?

   _____

6. ¿Tuviste tiempo para instalar el nuevo programa en la computadora?

   _____

7. ¿Pusiste las botellas en el cubo de reciclar?

   _____

12-7 ¿Quién lo hará?   Ahora tienes que averiguar (*find out*) quién en la clase hará las siguientes actividades este fin de semana. Primero escribe una pregunta para cada casilla (*box*) y después pregúntales a tus compañeros/as si van a hacer estas actividades.

MODELO: Grabar los partidos de fútbol
¿Grabarás los partidos de fútbol?

NOMBRE

1. Sacar dinero del cajero automático ¿_____ _____?	 _____
2. Hacer ejercicio ¿_____ _____?	 _____
3. Llamar por su teléfono móvil ¿_____ _____?	 _____
4. Salir con su novio/a ¿_____ _____?	 _____

Continued on page 178.

5. Venir a la universidad el domingo ¿———————————— ————————————?	 _____
6. Tener amigos en su casa ¿———————————— ————————————?	 _____
7. Ver televisión por antena parabólica ¿———————————— ————————————?	 _____
8. Poner tus papeles en orden ¿———————————— ————————————?	 _____
9. Poder ver una película en DVD ¿———————————— ————————————?	 _____

Nombre: _____   Fecha: _____

12-8 Un trabajo de verano. Tú encontraste un trabajo de verano cuidando a los niños de una familia muy rica. Ahora les cuentas a tus padres lo que vas a hacer este verano en tu trabajo.

MODELO: Visitar Argentina
Nosotros *visitaremos Argentina.*

1. Estar en Buenos Aires por tres días

   Nosotros _____

2. Después salir para Mendoza

   Después los papás de los niños _____

3. Cuidar al niño y a la niña

   Yo _____

4. Tener que comer en restaurantes durante el viaje

   Nosotros _____

5. Querer ver bailar el tango

   Yo _____

6. Poder llamarme todas las semanas

   Ustedes _____

7. Decirles todo lo que hago

   Yo _____

8. Trabajar diez horas al día, pero me pagan muy bien

   Yo _____

9. Pasarlo fantástico

   Nosotros _____

10. Venir a casa muy feliz

    Yo _____

12-9 ¡Qué raro!   Tú llegas a casa y tu compañero/a de apartamento no está. En la casa ves algunas cosas que te llaman la atención y empiezas a hacer conjeturas.

MODELO: Toda su ropa está planchada.
Salir con un/a chico/a esta noche
Saldrá con un/a chico/a esta noche.

1. Hay muchos postres en la cocina.

    Pensar invitar al/a la chico/a a casa para comer postres

    _____

2. No pagó el recibo (*bill*) de la electricidad.

    No tener dinero

    _____

3. La televisión no funciona.

    Haber problemas con el cable

    _____

4. Hay un mensaje en el contestador automático.

    Ser de mi compañero/a

    _____

5. Su computadora está apagada.

    No querer gastar electricidad

    _____

6. Hay unos anuncios del periódico en su mesa.

    Estar buscando otro trabajo

    _____

7. Tiene la bolsa de viaje preparada.

    Ir a su casa este fin de semana

    _____

4. The conditional and the conditional of probability

12-10   ¡Qué situaciones!   Escribe lo que harías tú en estas situaciones.

MODELO: Tu profesor/a de español te da un examen oral. (Saber)
Sabría todo el vocabulario y todas las respuestas.

1. Tú eres canadiense, y la lluvia ácida de los EE.UU. llega a tu ciudad. (Escribir)

_____

_____

2. Las empresas en tu estado contaminan la atmósfera. (Protestar)

_____

_____

3. El cajero automático "se comió" tu tarjeta de crédito. (Decírselo)

_____

_____

4. Tu contestador automático no funciona bien. (Poder)

_____

_____

5. Estás en el desierto sin agua y sin comida. (Comer/Beber/¿ ?)

_____

_____

6. Quieres navegar por Internet. (Encender; conectar)

_____

_____

Nombre: _____ Fecha: _____

12-11 ¿Qué haría Gloria Estefan? Gloria Estefan, la famosa cantante cubanoamericana, le dijo a su esposo, Emilio, que haría varias cosas.

1. Le dijo que _____ a comer al famoso Restaurante Versailles en la Calle Ocho en la Pequeña Habana. (ir)

2. Le dijo que _____ a Ocean Drive para comer en su propio (*own*) restaurante, Larios. (manejar)

3. Le dijo que para leer el periódico principal de Miami en español _____ el Nuevo Herald. (comprar)

4. Le dijo que _____ la televisión para ver el canal Univisión. (poner)

5. Le dijo que _____ una fiesta para bailar y hablar con amigos en su casa de la isla. (hacer)

6. Le dijo que _____ música del grupo Miami Sound Machine. (tener)

7. Le dijo que _____ a South Beach para bailar y beber cocteles con él en un club. (venir)

8. Le dijo que para llegar a casa antes de la medianoche _____ temprano del club. (salir)

9. Le dijo que mañana _____ al Fountainebleu Resort/Tower en la Avenida Collins. (viajar)

12-12 ¡Una oportunidad única! ¡Tú eres el/la líder de todo el mundo! Eres un/a líder bueno/a y pacífico/a. ¿Qué harías para mejorar el mundo?

_____

_____

_____

_____

_____

_____

_____

_____

_____

12-13   ¿Qué harías?   Tú ganaste la lotería. ¡Felicitaciones! (*Congratulations!*) Ahora, dinos, ¿qué harías con un millón de dólares?

_____

_____

_____

_____

_____

_____

_____

_____

_____

_____

_____

12-14   ¿Dónde estarían?   Marc Anthony, salsero neoyorquino de familia puertorriqueña y Jennifer López, actriz, también de familia puertorriqueña se aman. Están ahora en diferentes ciudades con otras personas y tienen varias preguntas. Contéstalas. Usa la imaginación y el condicional de probabilidad.

1. ¿Dónde estaría Marc esta mañana? Lo llamé y no estaba.

   _____

2. ¿Dónde estaría Jennifer anoche? No contestó su teléfono móvil.

   _____

3. ¿A qué hora sería su entrevista por la televisión anoche? No pude hablar con ella.

   _____

4. ¿Aparecería (*appear*) Marc en Univisión anoche?

   Probablemente _____

5. ¿Permitiría Jennifer un artículo en *Vanidades* el mes pasado sobre su relación conmigo?

   Probablemente _____

Nombre: _____   Fecha: _____

5. *Tú* commands

12-15   Otro cuento de hadas.   Hansel y Gretel andan perdidos por el bosque cuando se encuentran con una bruja (*witch*) en una casa de pan de jengibre (*gingerbread*). Escucha a la bruja y a Gretel. Completa lo que dicen ellas con mandatos de **tú** afirmativos y negativos.

1. ¡No te _____ mi casa, Hansel! (comer)

2. ¡Je, je, je! _____ aquí, Gretel. (Venir)

   No _____ más. (dormir)

3. _____ tu cesta (*basket*) de flores, Gretel. (Traerme)

4. _____ la verdad, Gretel. ¿Dónde están tus padres? (Decirme)

5. Gretel, _____ a tu hermano en la jaula (*cage*). (poner)

6. _____ en la jaula, Hansel. _____ más. Estás muy delgado. (Quedarte; Comer)

7. Gretel, no _____ en tu familia. _____ mi casa. (pensar; Limpiar)

8. Mmm… Hansel. No _____ tan poca comida. Tus dedos necesitan más carne. (consumir)

9. No _____, Gretel. _____ paciencia.

   _____ feliz, ja, ja, ja. (irse; Tener; Hacerme)

10. La bruja tiene hambre. Va a comerse a Gretel. Le dice: "_____ al horno inmediatamente". (Ir)

11. Gretel le dice a la bruja: "No sé cómo funciona el horno. _____". (Mostrármelo)

12. Gretel dice: "Abracadabra". Le dice a su hermano: "_____ de la jaula, Hansel". (Salir)

13. La bruja pone la cabeza en el horno. Hansel sale de la jaula. Hansel y Gretel la empujan y cierran la puerta. Juntos le gritan: "Adiós, bruja mala. _____ desde el otro mundo". (Escribirnos)

14. Hay una explosión. Los otros niños atrapados (*trapped*) se escapan. Gretel le dice al más pequeño: "No _____. _____ feliz". Y todos los niños salen del bosque con Hansel y Gretel felices para siempre. (llorar; Ser)

Nombre: _____   Fecha: _____

12-16   ¡Aconséjame, amigo/a!   Tu amigo/a no cree que el medio ambiente sea importante y necesita tus consejos para estas situaciones. ¿Puedes ayudarlo/la? Usa mandatos de **tú.**

1. Siempre como en platos de papel y bebo en vasos de plástico.

   _____, amigo/a. (Reciclarlos)

2. Me gusta manejar mi Hummer enorme.

   _____ menos gasolina. (Consumir)

3. Tiro (*throw out*) el aceite viejo del Hummer en la basura (*garbage*).

   No _____ los desechos químicos allí. (poner)

4. Manejo mi Hummer a ochenta millas por hora.

   No _____ tan rápido. (conducir)

5. Hago fuegos en el bosque detrás de mi apartamento. A veces corto los árboles.

   _____ nuestros bosques. No _____ los árboles.
   (Proteger; cortar)

6. Como te dije, me encanta mi Hummer. Lo uso para ir a todas partes.

   No _____ siempre en coche; _____ más. Y,

   ¡_____ un coche más pequeño o una motocicleta! (ir; caminar;
   comprarte)

Nombre: _____ Fecha: _____

Palabras nuevas

12-17 ¡Así se dice! Tú usas el teclado en tu computadora para escribir estas palabras en la pantalla.

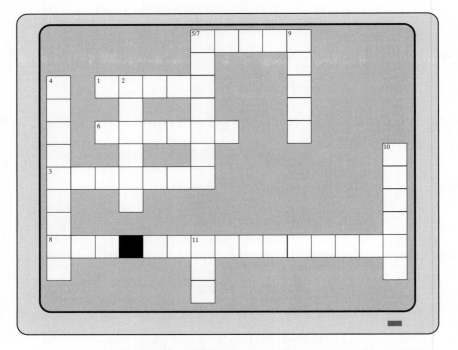

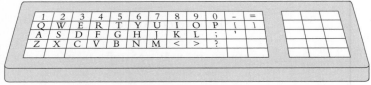

Horizontales	**Verticales**
1. el aparato (*device*) que se usa para hacer clic	2. desconectar la computadora hoy
3. se usa esto para copiar fotografías	4. para poner en papel un documento de la computadora, se usa esta máquina
6. la cinta (*tape*) para música	5. la pantalla de la computadora
7. aparato que conecta el teléfono a la computadora	9. nombre comercial de computadora como Dell, IBM, Macintosh, etc.
8. el Internet	10. ¡Ay, no! ¡Eliminé mi correo electrónico!
	11. un documento en papel que se manda (*sent*) por teléfono

12-18   El medio ambiente.   Usa las descripciones para escribir las palabras en el árbol.

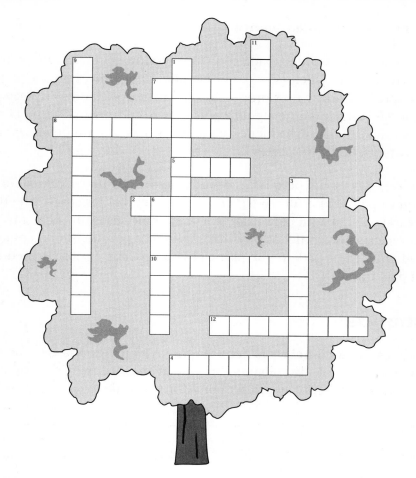

Horizontales

2. venenos (*poisons*) que
   matan insectos

4. un lugar en que se elaboran
   (*produce*) productos

5. algo gris o blanco que sale
   de las chimeneas de 4 horizontal

7. aceite; gasolina; un líquido
   normalmente negro

8. aire

10. usar otra vez o muchas veces

12. respetar el medio ambiente;
    conservar

Verticales

1. lo que queda después de usar
   algo completamente

3. las flores, los árboles, las plantas,
   los ríos, los lagos, etc.

6. fuerza vigorosa; poder (*power*)

9. el esmog; la polución;
   lo sucio

11. dinero que se paga cuando se arroja
    algo ilegalmente

¡Así conversamos!

12-19   En defensa del medio ambiente.

E1: Tú eres una persona muy preocupada con la protección del medio ambiente y haces todo lo posible para conservarlo y defenderlo. Por ejemplo tú conduces un coche que gasta poca gasolina, siempre compras y usas productos orgánicos, reciclas los envases de plástico y de vidrio, etc. Desafortunadamente algunas personas de tu universidad no piensan igual que tú. Hoy el club de estudiantes te ha pedido que participes en un debate en defensa del medio ambiente. Defiende tu postura.

E2: Tú eres una buena persona, pero no estás muy preocupado/a con el medio ambiente. No crees que con tu pequeño esfuerzo (*effort*) puedan cambiar las cosas, y piensas que los recursos naturales están aquí para usarlos. Por ejemplo, usas un coche que gasta mucha gasolina, no reciclas, usas muchos productos químicos porque es más cómodo, etc. Hoy el club de estudiantes te ha pedido que participes en un debate sobre el medio ambiente. Defiende tu postura.

¡Así escribimos!

12-20   Los avances de la ciencia y la tecnología.   Tú tienes una clase de Ciencia y Tecnología y tienes que escribir un trabajo sobre qué avance tecnológico o científico te parece más importante y por qué. Escribe el primer borrador (*draft*) de lo que vas a incluir en tu trabajo.

_____

_____

_____

_____

_____

_____

_____

_____

_____

_____

_____

_____

Nombre: _____   Fecha: _____

12-21   Concurso de poesía.   ¿Eres poeta? Tu ciudad celebra "La semana del medio ambiente", y como parte de las actividades se ha organizado un concurso de poesía con premios para el mejor poema. El tema del poema tiene que ser "El medio ambiente" y los poemas tienen que cumplir los siguientes requisitos:

Tener un título

Línea 1:   Incluir un verbo en el presente perfecto y un color

Línea 2:   Incluir un verbo en el condicional

Línea 3:   Usar la personificación (*dar características humanas a una cosa, o a un animal*)

Línea 4:   Incluir un verbo en el futuro

Línea 5:   Usar ¿Por qué? y porque

MODELO: *El arbolito*
He visto tus hojas (leaves) *verdes.*
¿Bailarías por mí en el viento?
Tus brazos son ramas (branches).
Nunca, nunca te cortaré.
¿Por qué? Porque te amo.

_____

_____

_____

_____

_____

¿Ya lo sabes todo?

12-22   ¡Así lo aplicamos!   ¿Cuánto sabes del medio ambiente y del futuro? Vamos a ver.

1. ¿Has visto algunos de los efectos de la deforestación?

   _____

2. ¿Qué pasará si destruimos las selvas del mundo?

   _____

3. ¿Habrá universidades en el futuro o tendremos clases solamente por computadora?

   _____

4. ¿Qué le dirás a tu hijo/a en el futuro?

   _____

   [Mandato de **tú** negativo]

5. ¿Qué le dijiste a tu familia que harías en el futuro?

   _____

6. ¿Qué le dices a tu novio/a cuando no recicla?

   Le digo: "_____". [Mandato de **tú** afirmativo]

7. ¿Qué deberíamos conservar en el futuro?

   _____

8. ¿Has leído, oído o descubierto algo muy interesante acerca del futuro?

   _____

9. ¿Quién será el/la presidente/a de los EE.UU. en el año 2010?

   _____

Nombre: _____   Fecha: _____

13   ¿Oíste las noticias?

1. The imperfect subjunctive

13-1   ¡Nos encanta la ópera!   En una retransmisión (*broadcast*) en directo desde la Ópera Metropolitana de Nueva York, escuchamos *Carmen*. Completa esta sinopsis con el imperfecto del subjuntivo.

1. En una plaza en Sevilla sonó la campana (*bell*) de la fábrica de cigarrillos y salió la gitana (*gypsy*),

   Carmen. Era importante que Carmen _____ (vender) sus cigarrillos.

2. Carmen les dijo a los hombres de Sevilla que era una lástima que el amor no

   _____ (obedecer [*obey*]) ninguna ley (*law*).

3. El soldado, Don José, llegó. No le hizo caso a Carmen. (*He paid no attention to Carmen.*) Ella le tiró

   una flor. Ella dudaba que él _____ (querer) amarla.

4. Micaela, una señorita del pueblo de Don José, le trajo a él una carta de su madre. Su madre le dijo

   que _____ (casarse) con Micaela.

5. Pero hubo una interrupción. Carmen peleó (*fought*) con otra obrera dentro de la fábrica. El

   general insistió que Don José _____ (atar [*to tie up*]) a Carmen y que

   _____ (llevarla) a la cárcel (*prison*).

6. Carmen le sugirió a Don José que _____ (ayudarla) a escapar. Él lo hizo y más

   tarde lo arrestaron por ayudar a Carmen.

7. En la taberna de Lillas Pastia, Carmen se alegraba de que el ejército _____

   (liberar) a José.

8. Entró el toreador, Escamillo, en una procesión en su honor. Él le pidió a Carmen que

   _____ (salir) con él. Ella dijo que por ahora no. Escamillo le dijo que esperaría.

9. Dos contrabandistas (*smugglers*) querían que Carmen _____ (ser) cómplice

   (*accomplice*) en su plan más reciente, pero ella no quería salir de Sevilla porque estaba enamorada.

10. José llegó. Carmen bailó para él. Al oír tocar la corneta (*bugle*) militar, José empezó a salir. "Ojalá

    que tú no _____ (tener) que irte", le dijo Carmen, burlándose de (*mocking*) él.

11. Él le mostró la flor que ella le había tirado (*had thrown*). Le dijo que su perfume había

    alimentado (*had sustained*) su amor en la cárcel. Carmen respondió: "Si me

    _____ (amar), desertarías y vendrías conmigo".

12. Carmen se enojó cuando José rehusó (*refused*) quedarse con ella. El oficial (*officer*) Zúñiga entró y

    por celos (*jealousy*) José lo atacó. "No creía que tú _____ (atacarme)", gritó Zúñiga.

13. José tuvo que desertar y juntarse con (*join*) los contrabandistas. En la sierra José y Carmen no se

    llevaban (*weren't getting along*) bien. Tirando las cartas (*Turning over the cards*) para revelar su

    fortuna, Carmen temía que las cartas _____ (indicar) la muerte para los dos.

14. Carmen se fue con los contrabandistas. Micaela apareció (*appeared*) pensando que era malo que

    Carmen _____ (hacer) de José un criminal.

15. Un intruso (*intruder*) entró. Era Escamillo. José abrió fuego (*opened fire*) contra él. Se pelearon.

    Escamillo esperaba que Carmen _____ (asistir) a la corrida de toros (*bullfight*)

    como su invitada (*guest*). José estaba furioso.

16. Micaela sentía que la madre de José _____ (estar) muriendo, y se lo dijo a José,

    rogándole (*begging*) que _____ (volver) a casa con ella. José le prometió a

    Carmen que se verían otra vez.

17. Hubo "olés" de la muchedumbre (*crowd*) en la plaza de toros (*bullring*). Carmen entró del brazo

    (*arm in arm*) de Escamillo. José le rogó a ella que _____ (empezar) una vida

    nueva con él, pero dudaba que ella _____ (poder) hacerlo.

18. "Nací (*was born*) libre, y moriré libre", respondió Carmen, y le tiró el anillo (*ring*) que José le

    había dado (*had given*) a los pies de él. "Te prohibí que _____ (estar) con él, le

    dijo José, apuñalándola (*stabbing*). La ópera termina cuando José confiesa que había asesinado

    (*had murdered*) a la mujer que amaba.

TELÓN (*CURTAIN*)

13-2 ¡Dame la sección deportiva, por favor!   Los Sres. Izquierdo estaban leyendo el periódico *El País* cuando tuvieron esta conversación. Combina los elementos para indicar qué se decían.

MODELO: Era dudoso / nosotros / recibir / el periódico temprano
            Era dudoso que nosotros recibiéramos el periódico temprano.

1. Era importante / yo / leer / mi horóscopo

   _____

2. El editor prohibió / el reportero / escribir / esa información en el artículo

   _____

3. Ojalá / ellos / no cancelar / la cartelera

   _____

4. Era necesario / tú / darme / las tiras cómicas

   _____

5. Tú querías / yo / decirte / el nombre de la primera actriz

   _____

6. Te alegrabas de / yo / poner / la primera plana en tu escritorio (*desk*)

   _____

7. Yo dudaba / los periodistas / poder / escribir un artículo mejor

   _____

8. Yo temía / tú / no traerme / la sección financiera

   _____

9. Esperábamos / una persona / ofrecer / boletos / en los anuncios clasificados / para el concierto de Alejandro Sanz

   _____

10. Yo sentía / no venir / la crónica social / en el periódico hoy

_____

11. Era increíble / el periódico / querer / eliminar el consultorio sentimental

_____

12. Era extraño / no haber / un artículo sobre Penélope Cruz

_____

2. Long-form possessive adjectives and pronouns

13-3 ¿De quién es? Tus hermanos/as y tú están discutiendo (*arguing*) sobre a quién le pertenecen (*belong*) varias cosas. Completa las conversaciones con las formas largas de los adjetivos posesivos.

MODELO: Liliana, éste es mi televisor por satélite.
Es *mío*.

1. Nataniel, ésa es mi cámara. Es _____. No es _____.

2. Aarón, el radio es de Liliana. Es _____.

3. Liliana y Frida, ese video no es _____. Es de Nataniel y mío. Es

_____.

4. "Aarón y Nataniel, las películas no son _____, son _____", dice Liliana.

5. "El guión es para el drama de mi escuela", grita Frida. Es _____.

6. "Hijos, ya no discutan más. Nosotros compramos todas sus cosas", dicen sus padres. Son

_____.

13-4   ¡Otra discusión!   Dos patrocinadores no están de acuerdo (*agree*). Usa las formas largas de los pronombres posesivos para completar los comentarios.

MODELO: Nuestra telenovela en el Canal 9 es muy dramática.
La nuestra, en el Canal 5, es más dramática.

1. Nuestros locutores son muy buenos.

_____ son mejores.

2. Mi emisora me gusta mucho.

_____ me gusta más.

3. El meteorólogo en mi canal es muy guapo.

_____, en el Canal 5, es más guapo.

4. Tus anuncios son aburridos.

_____ son más aburridos.

5. La comentarista deportiva en nuestro Canal 9 es muy atractiva.

_____, en el Canal 5, es más atractiva.

6. Las noticias son malas después de tus programas.

_____ son peores. Adiós. No quiero discutir más.

3. *Si* clauses

13-5   ¿Qué haces tú?   Di qué haces normalmente en las siguientes situaciones.

MODELO: Si llegas tarde al trabajo
Si llego tarde al trabajo, yo llamo a mi jefe.

1. Si tienes mucho trabajo

_____

2. Si te llama un/a chico/a que no te gusta

_____

3. Si un programa de televisión tiene mucha violencia

_____

4. Si no tienes suficiente dinero para terminar el mes

_____

5. Si quieres comer bien

_____

6. Si quieres ver las noticias

_____

7. Si quieres escuchar música

_____

8. Si quieres bajar de peso

_____

9. Si quieres sacar buenas notas

_____

13-6 El superintendente.   Imagina que tus compañeros/as de apartamento y tú se mudan a un edificio que tiene un superintendente muy serio. Si hacen las siguientes cosas, ¿qué hará el superintendente?

MODELO: Si beben cervezas en el jardín
Si bebemos cervezas en el jardín, el superintendente llamará a la policía.

1. Si pintan las habitaciones de color rojo

_____

2. Si ponen música rock muy alto

_____

3. Si tienen fiestas todos los fines de semana

_____

4. Si dejan basura en el exterior del edificio

_____

5. Si aparcan en lugares prohibidos

_____

6. Si no pagan el alquiler puntualmente

_____

7. Si invitan a mucha gente a su apartamento

_____

13-7 Tu amigo Espilber.   Tu amigo es productor de cine y está preparando su próximo proyecto. Como él confía en ti, siempre te pide consejo (*advice*) antes de empezar un proyecto. Dile lo que piensas, completando las oraciones siguientes.

MODELO: Si _____ (tener) menos episodios,
_____ (ser) más interesante.
Si *tuviera* menos episodios, *sería* más interesante.

1. Si el galán y la primera actriz _____ (enamorarse), los espectadores

_____ (estar) más atentos.

2. Si el final _____ (ser) feliz, la película _____

(poder) ser apta (*suitable*) para menores.

3. Si la acción se _____ (ubicar [to locate]) en el extranjero, tú

   _____ (viajar) a otro país.

4. Si el director_____ (orientar) a los actores primero, los actores

   _____ (hacer) menos errores.

5. Si tú _____ (contratar) a actores jóvenes, la gente joven

   _____ (venir) a ver tu obra.

6. Si los actores _____ (memorizar) bien las líneas, ellos

   _____ (tener) menos trabajo al filmar las escenas.

13-8 ¡Qué dilema!   ¿Qué harías tú si conocieras al hombre/a la mujer ideal pero él/ella tuviera alguna de las condiciones o características indicadas? Completa las oraciones siguientes con tu opinión personal y di por qué.

Modelo: Si fuera más inteligente que yo,...
           estaría muy contento/a porque sería muy estimulante hablar con él/ella.

1. Si fuera veinte años mayor que yo,...

   _____.

2. Si no viviera en mi ciudad,...

   _____.

3. Si ya tuviera dos hijos,...

   _____.

4. Si fuera de otra religión,...

   _____.

5. Si tuviera un trabajo muy peligroso,...

   _____.

6. Si fuera más bajo/a que yo,...

   _____.

7. Si gastara más dinero del que tiene,...

   _____.

Nombre: _____ Fecha: _____

13-9 ¿Qué haríamos?   Imagínate que muchos de los avances científicos y tecnológicos que tenemos hoy en día no existieran. ¿Qué haríamos?

MODELO: No tener antibióticos
Si no tuviéramos antibióticos, sería muy difícil curar algunas infecciones.

1. No existir el correo electrónico

_____

2. No poder usar computadoras

_____

3. No haber aviones

_____

4. No existir vacunas infantiles (*childhood vaccines*)

_____

5. No tener un programa de donación de órganos

_____

6. No existir los coches

_____

7. No tener la televisión

_____

13-10 Haciendo suposiciones.   Ustedes van a trabajar haciendo suposiciones contrarias a la realidad. Formen grupos de cuatro estudiantes. Dos estudiantes van a escribir situaciones como: *Si yo fuera actor/actriz de Hollywood…, Si yo trabajara en televisión…, Si yo viviera en España…,* etc. Otros dos estudiantes van a escribir situaciones en oraciones que expresen resultado como: … *tocaría el piano., … tendría un avión privado., … escribiría telenovelas.,* etc.

_____

_____

_____

_____

_____

Nombre: _____ Fecha: _____

13-11 Situaciones divertidas. Ahora reúnanse todo el grupo (cuatro estudiantes) y, usando las oraciones creadas en la actividad 13-10, construyan tantas oraciones condicionales como sea posible. Después compartan con la clase las más divertidas.

_____

_____

_____

_____

_____

_____

4. The future perfect and the conditional perfect

13-12 La hora de Inés. Inés es una presentadora muy famosa de un programa de variedades. Di qué habrán hecho ella, sus ayudantes o el público antes de empezar el programa.

MODELO: Sus ayudantes / recibir a los invitados (*guests*) al programa
Sus ayudantes habrán recibido a los invitados al programa.

1. Inés / escribir las preguntas para las entrevistas

_____

2. Los productores / preparar la conexión

_____

3. Los camarógrafos (*cameramen*) / filmar las pruebas

_____

4. La maquilladora / ponerle maquillaje a Inés

_____

5. Inés / leer el guión

_____

6. El público / entrar en el estudio

_____

13-13 Para cuando nos graduemos.   ¿Qué habrán hecho tus compañeros y tú para cuando se gradúen?

MODELO: Cuando yo me gradúe ya… / estudiar un idioma extranjero
Cuando yo me gradúe ya habré estudiado un idioma extranjero.

1. Cuando nosotros nos graduemos ya… / participar en proyectos humanitarios

_____

2. Cuando mis compañeros/as se gradúen ya… / escribir un *currículum vitae*

_____

3. Cuando Scott se gradúe ya… / ver muchos partidos del equipo de la universidad

_____

4. Cuando nosotros nos graduemos ya… / vivir un semestre en otro país

_____

5. Cuando yo me gradúe ya… / completar todos los requisitos

_____

6. Cuando Eva y Teresa se gradúen ya… / hacer mucho trabajo voluntario

_____

13-14 ¡Qué día!   Clara es meteoróloga en la televisión. Ayer tuvo un día terrible. Le ocurrieron muchas cosas y recibió malas noticias. Si estuvieras en su lugar, ¿cómo habrías reaccionado tú?

MODELO: Su disco duro con toda la información del programa no funcionaba.
Yo habría llamado un experto en computadoras.

1. Ella supo que su reportero más importante no podría asistir al programa.

_____

2. Esperaba un ascenso (*promotion*) en el trabajo, pero le dieron el puesto a otra persona.

_____

3. Su coche se quedó sin gasolina cuando iba al estudio.

_____

4. Ella perdió el guión.

_____

Nombre: _____ Fecha: _____

5. Clara se enteró de que su mejor amigo/a toma drogas.

_____

6. Por la mañana el despertador no funcionó.

_____

Palabras nuevas

13-15   ¡Así se dice!   Eres periodista del periódico *La Razón* de Madrid. Ahora estás escribiendo un artículo para tu periódico. Necesitas usar vocabulario diferente del que usaste en un artículo que escribiste ayer. ¿Puedes encontrar el **sinónimo** de estas palabras? ¡No repitas ninguna palabra!

1. anunciador

_____

2. comprobar/verificar

_____

3. obituario

_____

4. relatar

_____

5. comienzo

_____

6. cabecera

_____

7. primer actor

_____

8. certamen

_____

9. Ahora usa tus respuestas para escribir tu artículo.

_____

_____

_____

_____

_____

_____

_____

_____

_____

_____

¡Así conversamos!

13-16 Una hora con... "Una hora con..." es un programa de televisión del canal hispano de tu ciudad.

E1: Tú eres un/a actor/actriz muy famoso/a de España. Ahora estás en esta ciudad filmando tu nueva película, y el/la mejor periodista de la ciudad te va a hacer una entrevista. Contesta sus preguntas.

E2: Tú eres el director del programa de televisión "Una hora con...", y vas a entrevistar a un/a actor/actriz español/a que está rodando una película en tu ciudad. Hazle todas las preguntas necesarias para saber todo sobre su vida personal y su nueva película.

¡Así escribimos!

13-17 Concurso de guiones. El canal de televisión local ha organizado un concurso para escoger el mejor guión de película o de programa de televisión y tú has decidido presentarte. Ahora escribe tu historia. Puede ser romántica, de aventuras, de miedo, etc.

_____

_____

_____

_____

_____

_____

_____

_____

_____

_____

¿Ya lo sabes todo?

13-18 ¡Así lo aplicamos! Tú estás viajando por España y en cada lugar los españoles te hacen muchas preguntas. Éstas son algunas. Contéstalas.

1. ¿Querías visitar la Alhambra?

   Sí, y mis amigos también querían que yo _____

   _____.

2. ¿Temía tu familia que no vieras la Sagrada Familia en Barcelona?

   Sí, _____

   _____.

3. ¿Deseaban tus amigos que pasearas por las Ramblas con ellos?

   Sí, _____

   _____.

4. ¿Comiste gazpacho andaluz y paella valenciana?

   Claro que sí, era muy importante que yo _____

   _____.

5. ¿Conociste el país vasco?

   No, mis amigos sintieron que yo no _____ (poder conocer)

   _____.

6. ¿Es tuya esta entrada para el Alcázar de Segovia?

   Sí, es _____.

7. ¿Qué harías si fueras a Santiago de Compostela?

   Yo _____ (ser) peregrino si _____

   _____.

8. ¿Habrás ido a las Islas Canarias para julio?

   Sí, _____

   _____.

9. ¿Qué habrías hecho si hubieras nacido en España en vez de los Estados Unidos?

   Probablemente _____

   _____.

   Muchas gracias por contestar todas nuestras preguntas. ¡Buen viaje!

14 ¡Seamos cultos!

1. *Hacer* in time expressions

14-1 ¿Cuánto tiempo hace...? Di cuánto tiempo hace que ocurrieron estos acontecimientos (*events*).

MODELO: El Apolo XI llegó a la luna. (1969)
Hace… años que el Apolo XI llegó a la luna.
El Apolo XI llegó a la luna hace… años.

1. Se derrumbó (*was knocked down*) el muro de Berlín. (1989)

   _____

2. México consiguió la independencia de España. (1821)

   _____

3. Se inauguró el canal de Panamá. (1914)

   _____

4. Cristóbal Colón llegó a América. (1492)

   _____

5. España recuperó la democracia. (1975)

   _____

6. Ocurrió el terrible terremoto (*earthquake*) de la Ciudad de México. (1985)

   _____

7. España perdió el territorio de Puerto Rico. (1898)

   _____

14-2 El tiempo pasa volando.   Haz una lista de cuatro cosas. Pueden ser actividades que haces regularmente, pasatiempos, acontecimientos importantes en tu vida, etc. y dásela a tu compañero/a.

MODELO: *Juego al tenis.*
Empecé a estudiar en la universidad.

_____ .

_____ .

_____ .

_____ .

_____ .

_____ .

14-3 Seamos curiosos.   Ahora haz preguntas para averiguar (*to find out*) cuánto tiempo hace que tu compañero/a hace las actividades descritas en su lista de la actividad 14-2, o cuánto tiempo hace que los acontecimientos en la lista ocurrieron. Cuando termines las preguntas, entrevista a tu compañero/a, y después comparte (*share*) la información con el resto de la clase.

MODELO: *¿Cuánto tiempo hace que juegas al tenis?*
¿Cuánto tiempo hace que empezaste a estudiar en la universidad?

Hace cinco años que John juega al tenis, y hace dos años que empezó a estudiar en la universidad.

_____ .

_____ .

_____ .

_____ .

_____ .

_____ .

_____ .

_____ .

_____ .

2. The pluperfect indicative

14-4 *Aída*. El sábado pasado fue un día especial para los Codina. Toda la familia fue a la ópera para ver *Aída*. Pero antes del gran día tuvieron que hacer algunas cosas. Di lo que los diferentes miembros de la familia habían hecho antes de asistir a la función.

MODELO: El Sr. Codina / leer la cartelera
              El Sr. Codina había leído la cartelera.

1. Victoria y Jaime Codina / escuchar un disco de *Aída*

   _____

2. La Sra. Codina / comprar los boletos

   _____

3. La Sra. Codina y su hija / elegir (*choose*) un vestido para la ópera

   _____

4. El Sr. Codina / hacer una reservación en un restaurante de lujo

   _____

5. Toda la familia / cenar en un restaurante elegante antes de ir a la ópera

   _____

14-5 ¡Un mecenas (*patron*)! El Sr. Alarcón fue un señor muy rico y generoso que hizo muchas cosas por las artes. Di qué cosas había hecho durante su vida.

MODELO: construir (*build*) un auditorio
              Había construido un auditorio.

1. organizar un programa educativo para difundir la música clásica

   _____

2. pagar los estudios de muchos artistas jóvenes

   _____

3. donar mucho dinero para las artes en general

   _____

4. desarrollar (*develop*) programas culturales para niños

   _____

Nombre: _____ Fecha: _____

5. crear un programa para donar instrumentos musicales a las escuelas

   _____

6. ayudar a compositores jóvenes

   _____

3. The pluperfect subjunctive and the conditional perfect

14-6 ¡Dios mío! ¿Quién rompió (*tore up*) mi lista? Tú eres muy talentoso/a y muy inteligente, pero no te interesa mucho la cultura. Tienes una lista de sugerencias que te dieron tus padres cuando fuiste a la universidad. Pero hay un problema. La lista está en pedazos. Repara la lista para formar oraciones completas y decir lo que deseaban tus padres que hubieras hecho antes de graduarte. Pon las palabras en el orden correcto.

MODELO: talentoso / que / un compositor / con / deseábamos / hubieras estudiado
Deseábamos que hubieras estudiado con un compositor talentoso.

1. que / hubieras aprendido / la guitarra clásica / a tocar / era indispensable

   _____

2. hubieras escrito / habrías sido / si / la pieza para violín / famoso/a

   _____

3. a la soprano / ojalá / cantar / ópera / que / hubieras oído

   _____

4. hubieras compuesto / esperábamos que / para piano y viola / una sinfonía

   _____

5. las obras de Picasso / tal vez / habrías visto / hubieras visitado / si / el museo

   _____

¡Bien hecho! ¡Ahora haz todo en la lista! ¡Sé culto/a!

Nombre: _____   Fecha: _____

14-7 ¡Una orquesta con muchos problemas!   El/La director/a de esta orquesta sinfónica
está muy enojado/a porque la orquesta es malísima (*exceptionally bad*). Él/Ella se queja
muchísimo (*exceedingly*). Describe sus quejas con el pluscuamperfecto del subjuntivo.

1. Yo deseaba que tú _____ (tocar) más fuerte el clarinete, Rodolfo.

2. Yo sentía que los/las violinistas y trompetistas _____ (venir) tan
   tarde a ensayar.

3. Era completamente necesario que todos ustedes _____ (estudiar) la
   partitura (*score*) de la sinfonía.

4. Yo no podía creer que la señorita del arpa _____ (romper) una
   cuerda (*string*).

5. A mí me sorprendió que Mauricio _____ (poner) la viola en el coche
   de su hijo.

6. Ojalá que nosotros _____ (oír) los violines.

7. Yo esperaba que Silvia _____ (volver) del baño para tocar su flauta.

8. Yo temía que Lidia no _____ (ver) su trompeta detrás de la silla de
   Roberto.

9. Fue una lástima que Vicente y Gustavo no _____ (cubrir) sus
   cornetas anoche después de terminar la pieza.

10. Yo lamentaba que todos ustedes _____ (hacer) planes para mañana
    en vez de ensayar más. ¡Lo necesitamos!

14-8 ¡Si, si, si!   Tu amigo/a siempre tiene excusas. Su palabra favorita es "si". Hoy la usa
contigo siete veces para decirte lo que habría hecho si sólo…

MODELO: Si mi profesor/a de español _____ (darme) menos tarea, habría
             tenido tiempo para terminar mi pieza musical.
             Si mi profesor/a de español *me hubiera dado* menos tarea, habría tenido tiempo para
             terminar mi pieza musical.

1. Si tú _____ (decirme) que Julio Bocca y el Ballet Argentino bailaban
   esta noche, habría ido al ballet.

2. Si mi hermano mayor _____ (escribirnos) para invitar a nuestra
   familia a Nueva York, habríamos podido ir al desfile de modas de alta costura.

3. Si mis amigos, Rubén y Julia, _____ (estudiar) conmigo, yo habría
   recibido una "A" en el examen.

4. Si mi madre _____ (ir) a la audición conmigo esta mañana, habría cantado mejor.

5. Si el músico _____ (tocar) mejor el piano, yo habría aplaudido más.

6. Si mi novio/a _____ (comprar) los boletos, nosotros habríamos podido oír al barítono ayer en la ópera *Rigoletto,* y la semana pasada en el *Barbero de Sevilla.*

7. Si nosotros/as _____ (descubrir) dónde mis padres habían escondido (*hidden*) mi batería, tú y yo habríamos improvisado con nuestra banda.

14-9   ¿Qué habría pasado?   Si hubieras sido un pintor famoso como Salvador Dalí o una pintora famosa como Frida Kahlo, ¿cómo habría sido diferente tu vida?

_____

_____

_____

_____

_____

_____

_____

_____

_____

_____

_____

_____

_____

_____

14-10   Nuestro último cuento de hadas.   Tu sobrina de cinco años vuelve del jardín de infancia (*kindergarten*) y te explica el cuento de hadas *Caperucita Roja* (*Little Red Riding Hood*). Como es pequeña, se le olvidan partes. Ayúdala a completar el cuento, usando el pluscuamperfecto del subjuntivo.

1. La abuela de Caperucita quería que la niña la _____ (visitar) ayer porque no se sentía bien.

2. Era importante que Caperucita _____ (traer) la cesta con muchas cosas para su abuelita.

3. A la mamá de Caperucita le molestaba que su hija _____ (tener) que andar por el bosque sola.

4. El lobo, disfrazado de (*disguised as*) abuela, se alegraba de que Caperucita

    _____ (llegar) a la casa. Pero Caperucita no sabía que era el lobo, y no su abuela.

5. Caperucita dijo: "No esperaba (*I wasn't expecting*) que _____ (mirarme) con los ojos tan grandes, abuelita". "Lo hice para verte mejor", dijo el lobo.

6. "Abuelita", dijo Caperucita, "dudo que _____ (oírme) si no tuvieras las orejas tan grandes". "Son para oírte mejor, niña", sonrió el lobo.

7. "Abuelita", repitió Caperucita, "es increíble que _____ (abrir) la boca tanto". "Lo hice para comerte mejor", gritó el lobo y saltó (*jumped*) de la cama de la abuela. Caperucita corrió de la casa. Afortunadamente, un cazador (*hunter*) que pasaba por el bosque oyó sus gritos y mató al lobo.

8. La mamá de la niña del jardín de infancia le dijo al final del cuento: "Ojalá que tú

    _____ (conocer) a un amigo tan bueno como el cazador".

    "Sí", dijo la niña, "Si _____ (rescatarme) a mí, habría bailado con él".

Palabras nuevas

14-11 ¡Así se dice!   Adivina la persona secreta. Todas las palabras revueltas se relacionan con la moda. Escribe las letras dentro de los círculos en la línea a la izquierda de los números. Luego lee el nombre de abajo a arriba para descubrir quién es la persona famosa. ¿Podrás hacerlo? ¡Ah! ¡Escribe las palabras también!

_____ 1. (A) R D I D O E A Ñ S   (Nuestra famosa persona secreta es esto.)

_____

_____ 2. E O L (R) C P T O E I

_____

_____ 3. L (E) M O O D

_____

_____ 4. A (R) M E L E S T I A

_____

_____ 5. A N D E P (R)

_____

_____ 6. L T (E) E E N A G

_____

_____ 7. E O B I N (H) E H C   (dos palabras)

_____

¡Así conversamos!

14-12   ¿Tienen talento para la música?

E1: Averigua si tu compañero/a tiene talento para la música. Hazle muchas preguntas para saber si toca un instrumento, cuándo empezó a tocar, cuánto tiempo ensaya o ensayaba, etc. Si no toca ningún instrumento, pregúntale cuál le gustaría tocar, por qué, cuánto tiempo cree que tendría que ensayar, etc.

E2: Averigua si tu compañero/a tiene talento para la música. Hazle muchas preguntas para saber si toca un instrumento, cuándo empezó a tocar, cuánto tiempo ensaya o ensayaba, etc. Si no toca ningún instrumento, pregúntale cuál le gustaría tocar, por qué, cuánto tiempo cree que tendría que ensayar, etc.

¡Así escribimos!

14-13   Pensando en tu boda.   Estás pensando en tu novio/a y en cómo te gustaría que fuera tu boda el día que te cases con él/ella. Ahora, para que no se te olvide, decides anotar una descripción del tipo de música que te gustaría tener en cada momento, por ejemplo, al empezar la ceremonia, durante la ceremonia, al terminar la ceremonia, en el banquete, etc. También apunta los instrumentos que te gustaría que la orquesta o banda tocara.

_____

_____

_____

_____

_____

_____

_____

_____

_____

_____

_____

_____

_____

_____

_____

_____

_____

14-14 ¡La última moda!   Tú eres el diseñador en el dibujo. Describe lo que lleva la modelo y cómo ves tú el mundo de la moda hoy en día.

_____

_____

_____

_____

_____

_____

_____

_____

_____

_____

_____

_____

_____

_____

Nombre: _____   Fecha: _____

¿Ya lo sabes todo?

14-15 ¡Así lo aplicamos!   Tú estás soñando, y en tu sueño (*dream*), tienes una oportunidad única. No solamente eres el anfitrión/la anfitriona de un programa virtual de entrevistas en la televisión por cable, sino que (*but*) también, en tu sueño, eres las seis personas famosas que estás entrevistando. Hoy en tu programa están invitados los Romero, Julio Bocca, Carolina Herrera, Frida Kahlo, Plácido Domingo y ¡Pablo Picasso! Completa la entrevista.

1. Sres. Romero, si ustedes no hubieran sido "la familia real" de la guitarra española, ¿qué habrían hecho?

   _____

   _____

2. Sr. Bocca, ¿en qué había trabajado antes de ser bailarín clásico?

   _____

   _____

3. Sra. Herrera, ¿cuánto tiempo hace que usted es considerada la primera diseñadora latinoamericana?

   _____

   _____

4. Sra. Kahlo, ¿estaba usted contenta de que el famoso muralista mexicano, Diego Rivera, se hubiera casado con usted?

   _____

   _____

5. Sr. Domingo, dudo que usted hubiera sido algo diferente que un tenor de ópera, ¿verdad?

   Sí, es dudoso _____

   _____

6. Sr. Picasso, ¿cuánto tiempo hace que usted pintó el *Guernica*? (1937)

   _____

   _____

Muchas gracias a todos ustedes por completar mi sueño.

15 ¿Te gusta la política?

1. The subjunctive with indefinite and nonexistent antecedents

15-1 ¡Siempre queremos mucho!   Nosotros, los ciudadanos de este país, los Estados Unidos, somos muy exigentes con nuestro gobierno. Termina las oraciones para describir qué queremos.

MODELO: Queremos un/a presidente/a que _____ (ser) inteligente y honesto/a.
Queremos un/a presidente/a que *sea* inteligente y honesto/a.

1. Buscamos líderes que _____ (entendernos).

2. Necesitamos senadores que _____ (querer) cumplir con sus deberes.

3. Deseamos un Congreso que no _____ (ir) a aumentar los impuestos.

4. Queremos políticos/as que no _____ (permitir) la corrupción.

5. Buscamos representantes que _____ (tener) nuevas ideas.

6. Necesitamos un/a presidente/a que _____ (contestarnos) con la verdad.

7. Para nosotros es importante tener una persona que _____ (poder) organizar bien el gobierno.

8. Necesitamos un/a presidente/a que _____ (enviar) (*send*) información al Senado regularmente.

9. ¿Conoces a alguien que _____ (estar) preparado/a para servirnos con estas cualidades? ¡Que se identifique pronto!

Nombre: _____ Fecha: _____

15-2 ¡Siempre quejándose! Tengo una hermana que es muy negativa y siempre se queja de todo. ¿Conoces tú a alguien parecido?

MODELO: No hay ningún candidato que _____ (gustarme).
No hay ningún candidato que *me guste*.

1. No hay nadie que yo _____ (conocer) en estas elecciones.

2. No hay ningún senador que yo _____ (poder) apoyar.

3. No hay ninguna institución que _____ (servir) a los ciudadanos.

4. No hay ninguna persona en la Casa Blanca que _____ (contestar) mis cartas.

5. Nunca hay ningún político que _____ (venir) a nuestra ciudad.

6. No hay ningún candidato que _____ (poner) mucho esfuerzo en la campaña.

7. No hay ninguna persona en el gobierno que _____ (darnos) una solución para la pobreza.

¡POR ESO, NO VOY A VOTAR POR NADIE!

15-3 Tus puntos de vista. Escribe tus ideas sobre la política. Sé original y personal.

1. Quiero un/a presidente/a que _____

_____.

2. Hay un/a político/a que _____

_____.

3. Busco un/a candidato/a que _____

_____.

4. No hay ningún senador o representante que _____

_____.

5. _____ (nombre) es el contrincante del presidente de los EE. UU. que

_____

_____.

6. No hay nadie en los cargos políticos que _____

_____.

Nombre: _____ Fecha: _____

2. The relative pronouns *que, quien,* and *lo que*

15-4 ¿Qué, quién/es o lo que?   Tú eres excelente en español y trabajas en el laboratorio de lenguas como asistente/a. Siempre ayudas a tus compañeros/as de clase. A las ocho de la mañana cuando se abre el laboratorio, recibes una llamada telefónica frenética (*frantic*) del/de la peor estudiante de tu clase, gritándote al oído: "¡Ayúdame!" Ayuda al/a la pobrecito/a.

MODELO: Éste es el/la ciudadano/a _____ logró ser nominado/a.
Éste es el/la ciudadano/a *que* logró ser nominado/a.

1. La democracia es el tipo de gobierno en _____ se vota por diferentes candidatos/as.

2. _____ yo haría si fuera el/la presidente/a de los EE. UU. sería bajar los impuestos.

3. La honradez es _____ deben tener los políticos.

4. El senador Smith, _____ es de California, ha servido en el Senado más de veinte años.

5. Los/Las contrincantes, _____ siempre hablan de la tasa de desempleo, nunca dan una solución.

6. El candidato por _____ voté es muy sincero.

7. Los programas sociales _____ son buenos cuestan una fortuna.

8. En mi opinión, _____ necesitamos en el mundo es el desarme y la democratización.

9. Los pacifistas, a _____ entrevistaron en las noticias, creían en la desmilitarización.

15-5 ¿Es verdad?   Tu compañero/a de clase te dice que tiene un pariente (*relative*) famoso. Te lo describe. ¿Quién es? ¿Crees a tu compañero/a de clase? ¿Tal vez tú también tengas un pariente famoso?

MODELO: Vive en un país _____ está en Europa, al sur de Francia.
Vive en un país *que* está en Europa, al sur de Francia.

1. El país es una monarquía constitucional _____ tiene un rey.

2. Esta persona, _____ es mi primo segundo, es el rey del país.

3. La persona con _____ se casó es griega. Es la hermana del ex rey de Grecia, Constantino.

4. Su hijo, el príncipe Felipe, _____ se casó en 2004, es muy alto.

5. También tiene dos hijas, las princesas, _____ están casadas y tienen hijos.

6. Después de la muerte de Francisco Franco en 1975, _____ hizo mi pariente fue reestablecer la democracia.

7. Es miembro de la familia de los Borbones, _____ eran originalmente de Francia.

8. ¿Sabes quién es? Es el político _____ me gusta más de todo el

   mundo. Es _____ _____. (nombre)

9. Pues, yo también tengo un pariente _____ es famoso.

10. No es político. Es una actriz famosa, _____ apareció en una película mala con Ben Afleck, y poco después rompió su compromiso con él.

11. Se casó con Marc Anthony, _____ es cantante de salsa; él trabajó al lado de Celia Cruz y Tito Puente.

12. ¿Sabes _____ hizo ella anoche? Me habló por teléfono desde Los Ángeles.

13. No te creo, amigo/a. La chica _____ describes es Jennifer López, y no es pariente tuya.

14. Eso es _____ dije. No tengo ningún pariente famoso, y tú tampoco. ¡Los/Las dos somos mentirosos/as!

Nombre: _____   Fecha: _____

15-6 ¡Tus opiniones son muy importantes para mí! Dime tus opiniones y tus gustos. Empieza cada oración con, **Lo que...**

MODELO: tener que hacer un buen político
          Lo que tiene que hacer un buen político es trabajar por sus constituyentes.

1. importarme ver en la política

   _____

   _____.

2. desear hacer en el futuro

   _____

   _____.

3. gustarme ver en la televisión

   _____

   _____.

4. interesarme para mi familia

   _____

   _____.

5. debe hacer la Organización de las Naciones Unidas

   _____

   _____.

6. necesitar para tener éxito en mi vida

   _____

   _____.

7. fascinarme del idioma español

   _____

   _____.

8. encantarme de la clase de español

_____

_____.

3. *Se* for unplanned occurrences

15-7 ¡Pepe Desastres!   Pepe trabaja para la campaña electoral de un político muy famoso. Hoy estaba encargado de (*charged with*) los preparativos de una recepción en honor al candidato. Pero pobre Pepe, como es un desastre, todo le sale mal. Ahora su jefe le pregunta si todo está listo.

MODELO: Pepe, ¿tienes los micrófonos listos?
Perdón señor, *se me olvidó* reservarlos.

1. ¿Trajiste los resultados de la última encuesta (*poll*)?

   No, _____ (quedarse) en la oficina.

2. ¿Tienes las fotos del candidato?

   Lo siento _____ (mojarse [*to get wet*]) con la lluvia.

3. ¿Hiciste copias del discurso del candidato?

   No, _____ (romperse) la máquina fotocopiadora.

4. ¿Están los aperitivos listos?

   ¡Ay no! _____ (quemarse) al calentarlos.

5. ¿Hiciste más copias de los carteles políticos?

   No pude. _____ (terminarse) el papel.

6. ¿Tienes las llaves para abrir el armario?

   Perdóneme, pero _____ (caerse) por el balcón.

7. ¡Ay, Dios mío! ¿Qué podemos hacer?

   _____ (ocurrirse) una idea. Cancelemos el mitin (*meeting, rally*).

15-8   ¿Me prestas...?   Tu compañero/a siempre te pide prestadas muchas cosas y no las cuida muy bien. Como tú estás cansado/a de dejarle (*lend*) cosas, decides darle excusas para no prestarle nada más.

MODELO: ¿Me prestas tu coche? (averiar [*to break down*] ayer)
Se me averió ayer.

1. ¿Me prestas tu cámara digital? (romperse)

   _____

2. ¿Me prestas tu libro de español? (perderse)

   _____

3. ¿Me prestas tu disco de Alejandro Sanz? (olvidarse en la oficina)

   _____

4. ¿Me prestas tus vaqueros? (mancharse [*to stain*] esta mañana)

   _____

5. ¿Me prestas tu suéter de lana? (deshacerse [*to come apart*] la manga ayer)

   _____

6. ¿Me prestas tu camisa azul? (encogerse [*to shrink*] la última vez que la lavé)

   _____

7. ¿Me prestas algo de café? (terminarse)

   _____

8. ¿Me prestas el periódico de hoy? (quemarse en la chimenea)

   _____

4. The passive voice

15-9 En la oficina de prensa Tú trabajas en la oficina de prensa del candidato para senador
y tienes que preparar un folleto para su campaña electoral, explicando todo lo que ha hecho
hasta el momento.

> VOTE POR EL CANDIDATO DEL
> PLE. ÉL ES SU REPRESENTANTE
> FIEL QUE SIEMPRE HA DEFENDIDO
> Y DEFENDERÁ SUS INTERESES.
>
> Durante su carrera como
> senador,...

MODELO: Los impuestos / reducir
Los impuestos fueron reducidos.

1. Las drogas / afrontar enérgicamente

_____

2. El crimen / eliminar de muchas zonas

_____

3. Los programas sociales / mejorar

_____

4. Las enfermedades infantiles / combatir

_____

5. La inflación / controlar

_____

6. Los beneficios sociales / aumentar

_____

7. Todas sus promesas electorales / cumplir

_____

15-10 Un activista social El jefe de un movimiento en defensa de los grupos menos afortunados de la sociedad es entrevistado por el reportero del canal local para saber qué quejas tiene sobre el gobierno.

MODELO: Los problemas no _____ (afrontar) por este gobierno.
Los problemas no *fueron afrontados* por este gobierno.

1. Las minorías no _____ (apoyar) por el gobierno.

2. Las enfermedades no _____ (reducir) en estos grupos sociales.

3. La pobreza no _____ (eliminar) por el gobierno completamente.

4. Las escuelas públicas no _____ (mejorar) por el gobierno.

5. Las drogas no _____ (controlar) eficazmente en los barrios pobres.

6. El crimen y la delincuencia no _____ (combatir) enérgicamente.

5. *Pero* or *sino*

15-11 ¡Qué niño! Tú estás cuidando al sobrino de tu amigo/a. El niño es muy mono (*cute*) pero muy mimado (*spoiled*) también. Siempre que le propones hacer algo te pone un pero (*finds fault*). Completa sus respuestas con **pero, sino** o **sino que**.

MODELO: ¿Quieres jugar al baloncesto?
No quiero jugar al baloncesto *sino* al béisbol.

1. ¿Quieres ir al parque?

   Sí, quiero ir al parque, _____ más tarde.

2. ¿Quieres almorzar un bocadillo?

   No quiero un bocadillo _____ una sopa.

3. ¿Quieres mirar la televisión?

   No quiero mirar la televisión, _____ quiero jugar en el patio.

4. ¿Quieres dormir una siesta?

   Sí, quiero, _____ tú tienes que leerme un cuento primero.

5. ¿Quieres dibujar?

   No me gusta dibujar, _____ prefiero pintar.

6. ¿Quieres pasear al perro?

   No quiero pasearlo _____ bañarlo.

7. ¿Quieres ponerte los vaqueros para salir?

   No, no quiero los vaqueros _____ los pantalones cortos.

15-12   ¡La dieta mágica!   Con la dieta mágica tú puedes bajar de peso comiendo de todo y sin tener que hacer ejercicio. Además,… (Contesta con **pero, sino** o **sino que.**)

MODELO: Se puede comer chocolate, _____ sin engordar.
              Se puede comer chocolate, *pero* sin engordar.

1. No sólo no es necesario hacer ejercicio, _____ no es necesario salir del sofá.

2. No se tiene que contar calorías _____ pesar (*weigh*) la comida.

3. Se puede beber cerveza y alcohol _____ con moderación.

4. Las raciones (*servings*) no son pequeñas _____ grandes.

5. No es necesario moverse después de comer, _____ es preferible descansar por varias horas.

6. La dieta mágica es fenomenal, _____ es una lástima que no exista.

Nombre: _____   Fecha: _____

Palabras nuevas

15-13   ¡Así se dice!   Estás en un examen final de tu clase de ciencias políticas, y tu profesor/a incluyó este ejercicio. Tienes que completar cada oración con la palabra necesaria para descubrir la identidad de una persona famosa en la política hispana. Escribe las letras que aparecen en las cajas a continuación. ¿Quién es?

1. Esta persona luchó en un ___ ___ ___ ☐ ___ ___ ___ ___ o revolución en una isla cerca de los EE. UU.

2. Se conoce a esta persona por sus ___ ☐ ___ ___ ___ ___ ___ ___ ___ largos de muchas horas.

3. Esta persona sigue como ___ ___ ___ ___ ___ ☐ ___ ___ de esta isla desde 1959.

4. Esta persona puede ___ ___ ___ ___ ___ ___ ☐ ___ su poder porque siempre es el único candidato en las elecciones.

5. Esta persona decidió ___ ___ ___ ☐ ___ ___ la libertad del pueblo.

6. En 1953 y otra vez en 1956 decidió ☐ ___ ___ ___ ___ ___ ___ ___ al líder de la isla, Fulgencio Batista.

7. Él se levantó en ___ ___ ___ ☐ ___ *(took up arms)* con la guerrilla en la sierra.

8. Hoy día muchas personas hacen el ___ ☐ ___ ___ ___ ___ ___ ___ de salir de la isla y cruzar el océano para ir a Miami.

9. En los años 1960 esta persona trató de ___ ___ ___ ☐ ___ ___ ___ ___ ___ ___ su isla con los proyectiles dirigidos *(missiles)* de los rusos.

10. Todavía hoy los ___ ___ ☐ ___ ___ ___ ___ ___ humanos no existen y hay bastante pobreza en la isla.

11. Hay mucho ___ ___ ___ ___ ___ ___ ___ ☐ y mucha inflación.

12. Esta persona es ___ ___ ___ ___ ___   ___ ___ ___ ___ ___ ___ .

Nombre: _____ Fecha: _____

¡Así conversamos!

15-14   El debate electoral.

E1: Tú eres uno/una de los/las candidatos/as a alcalde/alcaldesa de tu ciudad. Tus ideas son algo conservadoras y ahora tienes que defenderlas ante tu contrincante. Algunas cosas que quieres reformar son los impuestos, las ayudas sociales, la educación, las leyes sobre el medio ambiente, etc.

E2: Tú eres uno/una de los/las candidatos/as a alcalde/alcaldesa de tu ciudad. Tus ideas son algo liberales y ahora tienes que defenderlas ante tu contrincante. Algunas cosas que quieres reformar son los impuestos, las ayudas sociales, la educación, las leyes sobre el medio ambiente, etc.

¡Así escribimos!

15-15   ¿Te gusta la política?   Tú has decidido que no te gusta ninguno de los partidos políticos que existen y vas a crear tu propio partido. Ahora vas a escribir un informe presentando tu partido y las ideas que el partido va a defender y promover. Empieza buscando un nombre para el partido, después presenta las ideas principales de tu partido y por último describe algunas de las reformas que tu partido haría si llegara al poder.

_____

_____

_____

_____

_____

_____

_____

_____

_____

_____

_____

_____

Nombre: _____ Fecha: _____

¿Ya lo sabes todo?

15-16 ¡Así lo aplicamos!   Eres un/a azteca, maya o inca de las antiguas civilizaciones indígenas hispanoamericanas. Tú te entrevistas con una persona que ha podido viajar por el tiempo en su máquina del tiempo para hablar contigo. ¡Qué magnífica oportunidad para ti comunicarte desde el pasado con una persona del presente! ¡Ándale! (*Go for it!*)

1. ¿Cómo te llamas?

   _____.

2. ¿Qué eres, azteca, maya o inca?

   _____.

3. ¿Qué buscas?

   Busco una paz que _____

   _____ (ser).

4. ¿Qué quieres?

   Quiero un líder que _____

   _____ (servirme).

5. ¿Quién es ese/a pacifista que está allí?

   Ésa es la persona _____ _____ vivo. Es mi esposo/a.

6. Ustedes tienen jefes, ¿verdad? ¿Qué se te ocurrió decirle la última vez que lo viste?

   _____

   _____.

7. ¿Por quiénes fueron construidas esas pirámides?

   _____

   _____.

8. ¿Qué es lo que harías si vivieras en el presente conmigo?

   _____

   _____ [Contesta con "lo que"].

9. ¿Con quién quieres hablar si vuelves conmigo al futuro en mi máquina del tiempo?

No quiero hablar con tu presidente, _____

_____ [Contesta con "sino" o "sino que"].

Aprecio mucho tu invitación a viajar al futuro contigo. Pero me quedo aquí con los míos.
Muchas gracias por venir a mi época. Buen viaje, mi amigo/a, y adiós.

ANSWER KEY

Capítulo 1

1-1

1. ge-a-zeta-pe-a-ce-hache-o
2. ka-i-ele-o con acento-eme-e-te-ere-o
3. be-e con acento-i-ese-be-o-ele
4. hache-o-ene-de-u-ere-a-ese
5. efe-e-ere-ene-a-ene-de-o
6. cu-u-i con acento-eme-i-ce-a
7. i griega-o
8. jota-o-te-a
9. ve-a-eme-o-ese
10. eme-e con acento-equis-i-ce-o

1-2

1. La Paz
2. Quito
3. Madrid
4. Asunción
5. San José

1-3

Answers will vary.

1-4

1. Setenta y cinco menos cincuenta son veinticinco.
2. Treinta y cuarenta son setenta.
3. Cien menos dieciséis son ochenta y cuatro.
4. Ciento uno menos uno son cien.
5. Quince entre/dividido por tres son cinco.
6. Treinta por dos son sesenta.
7. Cuarenta y cuatro entre once son cuatro.
8. Catorce por dos son veintiocho.
9. Trece y cuatro son diecisiete.
10. Uno y uno son dos.

1-5

Be uno, trece, seis, cuatro, nueve
I veintitrés, treinta, dieciocho, veintisiete, veintinueve
Ene treinta y cuatro, treinta y uno, treinta y tres, treinta y cinco, cuarenta
Ge cincuenta y uno, sesenta, cincuenta y ocho, cincuenta y seis, cuarenta y ocho
O setenta y uno, sesenta y cuatro, sesenta y seis, sesenta y uno, setenta y cinco

1-6

1. nueve cero dos dos cero dos dos cero dos
2. nueve uno cinco ocho ocho dos nueve cero cero
3. *Answers will vary.*

1-7

1. miércoles
2. sábado
3. lunes
4. viernes … domingo

Thieves' initials: MSL, VD

1-8

1. del veintitrés de noviembre al veintiuno de diciembre
2. del veintiuno de junio al veintidós de julio
3. del veintiuno de enero al dieciocho de febrero
4. del veintitrés de agosto al veintidós de septiembre
5. del diecinueve de febrero al veinte de marzo

1-9

1. Es el martes, cuatro de diciembre (en 2007).
   Es el otoño.
   Es el martes, veinticinco de diciembre.
   Es el invierno.
2. Es el lunes, veintitrés de abril.
   Es la primavera.
3. Es el miércoles, cuatro de julio.
   Es el verano.
4. Es el domingo, dieciséis de septiembre.
   Es el otoño.
5. *Answers will vary.*

1-10

1. el
2. la
3. los
4. el
5. los
6. las
7. la
8. la
9. los
10. el

1-11

1. unos
2. unas
3. un
4. una
5. unas
6. unos

1-12

1. un
2. una
3. un
4. una
5. un
6. una
7. un
8. un
9. un

1-13

1. Necesito unos cuadernos.
2. Necesito unas mochilas.
3. Necesito unos libros.
4. Necesito unas calculadoras.
5. Necesito unos lápices.
6. Necesito unas computadoras.
7. Necesito unos bolígrafos.
8. Necesito unos discos compactos.
9. Necesito unos diccionarios de español.

1-14

1. la
2. una
3. La
4. un (el)
5. Los
6. los
7. los
8. las
9. Los
10. un
11. las
12. las
13. los
14. las
15. la
16. unos
17. los
18. los

1-15

1. la
2. el
3. la
4. la
5. el
6. el
7. la
8. el
9. la

1-16

1. las profesoras interesantes
2. los libros fascinantes
3. las pizarras verdes
4. las mesas grandes
5. los papeles blancos
6. los bolígrafos azules
7. las sillas pequeñas
8. los estudiantes trabajadores
9. las mochilas grises

1-17

1. el
2. el
3. un
4. un
5. unos
6. unos
7. la

1-18

1. Elena es una estudiante inteligente.
2. María y José son unos estudiantes trabajadores.
3. Jaime es una persona simpática.
4. Elisa y Sara son unas estudiantes españolas.
5. Arturo es una persona responsable.

1-19

1. Gabriel: Yo tengo dos discos compactos fascinantes.
2. Gabriel: Yo tengo tres clases interesantes.
3. Gabriel: Yo tengo cinco libros muy buenos.
4. Gabriel: Yo tengo dos amigas/os muy simpáticas/os.
5. Gabriel: Yo tengo tres diccionarios grandes.
6. Gabriel: Yo tengo dos mochilas pequeñas.
7. Gabriel: Yo tengo dos relojes caros.

Answers will vary.

The quantities and some genders in the answers may be different.

1-20

1. nosotros/as
2. ellos
3. ellas
4. ustedes (Latinoamérica)
5. ellos
6. vosotros/as (España)
7. ella
8. él

1-21

1. tú
2. vosotros/as
3. vosotros or ustedes
4. ustedes
5. tú
6. usted
7. usted

1-22

Answers will vary.

1-23

Answers will vary.

1-24

1. amarillo
2. verde
3. azul
4. verde
5. amarillo
6. azul
7. marrón
8. gris/blanco/negro
9. *Answers will vary.*

1-25

Answers will vary.

1-26

1. adiós
2. el/la profesor/a
3. el quince
4. el sábado
5. diciembre
6. el teléfono
7. blanco, azul
8. perezoso
9. inteligente
10. mochila
11. caro
12. el (un) mapa
13. mi cumpleaños

1-27

Answers will vary.

1-28

Answers will vary.

1-29

1. Me llamo _____.
2. Sesenta y cuatro menos veintiséis (veinte y seis) son treinta y ocho.
3. Hoy es _____. Es _____. Es _____.
4. Mi cumpleaños es el _____ de _____.
5. Hay _____ pizarra(s) en la clase de español.
6. Soy _____ y _____.
7. El papel es blanco.
8. Soy de _____.

Capítulo 2

2-1

1. Es la una y veinte de la mañana.
2. Son las seis y cuarto (quince) de la tarde.
3. Son las siete y veinticinco de la tarde (noche).
4. Son las nueve y media (treinta) en punto de la noche.
5. Son las doce de la mañana. Es (el) mediodía.
6. Son las doce de la noche. Es (la) medianoche.
7. Son las cuatro menos cuarto (quince) de la tarde.
8. Son las diez menos veinte de la noche.
9. Son las seis y diez en punto de la mañana.

2-2

1. de la noche
2. por la tarde
3. de la mañana
4. por la mañana

2-3

1. Es a las tres menos cuarto (quince) de la tarde.
2. Es a las once y media (treinta) de la mañana.
3. Es a las nueve de la mañana.
4. Es a la una y cuarto (quince) de la tarde.

2-4

1. Es a las siete y media de la noche.
2. Es a las seis menos veinte de la tarde.
3. Es a las once y cuarto (quince) de la mañana.
4. Es a las ocho de la noche.

2-5

1. ¿Es cantante Enrique Iglesias?
   Sí, Enrique Iglesias es cantante.
2. ¿Es cubana Celia Cruz?
   Sí, Celia Cruz es cubana.
3. ¿Es de Chile Isabel Allende?
   Sí, Isabel Allende es de Chile.
4. ¿Es de Portugal Ricky Martin?
   No, Ricky Martin no es de Portugal. Es de Puerto Rico.
5. ¿Es jugador de béisbol Edgar Rentería?
   Sí, Edgar Rentería es jugador de béisbol.

2-6

1. Los estudiantes no son perezosos.
2. Mi familia no es rica.
3. No soy de Madrid.
4. Jennifer López no es alta y fea.
5. Antonio Banderas no es doctor.

2-7

1. ¿Por qué estudias física?
2. ¿Cómo es ella?
3. ¿Qué necesitas para tus clases?
4. ¿Cuál es la fecha de hoy?
5. ¿A qué hora es la clase?
6. ¿Dónde estudias informática?
7. ¿De quién es el bolígrafo rojo?
8. ¿Cuántos son noventa y diez?
9. ¿Quién es?
10. ¿De dónde es Pedro Almodóvar?

2-8

1. José
2. Ramón
3. Graciela
4. Roberto
5. Ignacio
6. Dolores
7. Guadalupe
8. Rosario

2-9

1. El profesor de español enseña los verbos regulares.
2. Mi novio/a y yo conversamos por teléfono todos los días.
3. Mis padres trabajan temprano.
4. Yo practico natación los lunes, miércoles y viernes.
5. Tú miras la televisión todas las noches.
6. Mi mejor amigo/a estudia todos los días.

2-10

1. estudia
2. escuchan
3. mira
4. converso
5. tomamos
6. hablan

2-11

1. vivo
2. asistimos
3. escriben
4. leo
5. comemos
6. comes

2-12

1. Nosotros practicamos la pronunciación.
2. El profesor enseña la clase.
3. El profesor ayuda a los estudiantes.
4. El profesor escribe en la pizarra.
   Nosotros escribimos en la pizarra.
5. Nosotros aprendemos los verbos.
6. Nosotros vemos videos en el laboratorio de lenguas.
7. El profesor mira el reloj.
   Nosotros miramos el reloj.
8. Nosotros comprendemos las palabras.

2-13

Answers will vary.

2-14

1. es
2. estudiamos
3. soy
4. asisto
5. escribo
6. aprendo
7. recibo
8. comprendo
9. asiste
10. practica
11. debe
12. creo

2-15

1. Tiene setenta y ocho discos compactos.
2. Tenéis / Ustedes tienen cincuenta y un discos compactos.
3. Tienen veintitrés discos compactos.
4. Tenemos sesenta y cuatro discos compactos.
5. Tienes treinta y dos discos compactos.
6. Tiene quince discos compactos.
7. Tengo… discos compactos.

2-16

1. tienes
2. tengo
3. tienes
4. Tengo
5. tengo
6. tenemos
7. tienes
8. tengo que
9. Tienes que
10. tengo que
11. tiene
12. tiene que
13. tienes que
14. tengo que

2-17

1. tienen que
2. tenemos que
3. tengo que
4. tienen que
5. tienes que
6. tiene que

2-18

1. tengo
2. Tengo
3. tengo
4. tengo que
5. tener
6. tener
7. tengo que
8. tienes
9. Tienes que
10. tienes que
11. Tienes que
12. tienes que
13. tengo que
14. tienes que

2-19

1. argentino
2. temprano
3. baja
4. feo
5. hora
6. ¿Cómo?
7. ¿Cuál?
8. portugués
9. béisbol
10. difícil
11. la librería
12. español

2-20

Answers will vary.

2-21

Answers will vary.

2-22

1. Es la.../Son las...
2. Mi clase de español es a la(s)...
3. Mi profesor/a de español se llama profesor/profesora...
4. Hoy es... de...
5. Estudio... en la universidad.
6. Tengo que... mañana.
7. Como en...
8. Sí, (No, no) escribimos cartas.
9. Me gusta... los sábados por la noche.

Capítulo 3

3-1

1. cinco mil cuatrocientos diecisiete
2. ciento ochenta
3. doscientos noventa y cinco
4. cuatrocientos veintidós
5. ochocientos catorce
6. veintitrés mil seiscientos veinticinco
7. quinientos quince
8. setecientos treinta y seis

3-2

1. Un euro son ciento sesenta y seis pesetas.
2. Diez euros son mil seiscientas sesenta pesetas.
3. Veinte euros son tres mil trescientas veinte pesetas.
4. Treinta euros son cuatro mil novecientas ochenta pesetas.
5. Cuarenta euros son seis mil seiscientas cuarenta pesetas.
6. Cincuenta euros son ocho mil trescientas pesetas.
7. Sesenta euros son nueve mil novecientas sesenta pesetas.
8. Setenta euros son once mil seiscientas veinte pesetas.
9. Ochenta euros son trece mil doscientas ochenta pesetas.
10. Noventa euros son catorce mil novecientas cuarenta pesetas.
11. Cien euros son dieciséis mil seiscientas pesetas.

3-3

1. Su... es...
2. Sus... son...
3. Sus... son...
4. Sus... son...
5. Su... es...

Descriptive adjectives will vary.

3-4

1. vuestro / su
2. nuestro
3. mis
4. mi
5. mi
6. tus
7. nuestros
8. nuestras
9. vuestras / sus

3-5

1. Ricardo y Teresa tienen hambre.
2. El señor tiene ciento un años.
3. Luisa tiene miedo.
4. Enrique y yo tenemos frío.
5. Tú no tienes razón.

3-6

1. Tengo miedo.
2. Tienen razón.
3. Tiene hambre.
4. tenemos frío.
5. Tengo… años.
6. Tiene prisa.
7. Tienen calor.

3-7

1. Tiene… años.
2. Tenemos… años.
3. Tienen… años.
4. Tenéis… / Tienen… años.
5. Tienen… años.
6. Tienes… años.
7. Tengo… años.

Answers will vary depending on the current year.

3-8

1. Va al laboratorio de lenguas.
2. Van a la oficina de la profesora.
3. Voy a México.
4. Vais al gimnasio.
5. Vamos a la biblioteca.
6. Vas a la Universidad (de México).
7. Van al centro estudiantil.

3-9

1. Come (comida mexicana/tacos, etc.).
2. Escuchan (la) música.
3. Habla con el Presidente (George W. Bush).
4. Compras un libro (un cuaderno, etc.).
5. Mira las pinturas.
6. Hago la/mi tarea.

3-10

Answers will vary.

3-11

1. La señorita hace la comida.
2. Mi padre hace ejercicio.
3. Mi madre hace trabajo de la casa.
4. Los estudiantes hacen la tarea (de español).

3-12

1. Está cansado.
2. Está nerviosa (preocupada).
3. Está contenta.
4. Están enojados.
5. Están ocupados.
6. Está aburrido.
7. Están tristes.

3-13

1. es
2. está
3. es
4. está, Está
5. son
6. Es, Es
7. soy, Soy
8. está
9. son
10. es
11. Eres
12. está, está
13. están
14. es
15. está
16. Son
17. es
18. Es
19. somos
20. Estoy

3-14

Answers will vary.

3-15

Answers will vary.

3-16

Answers will vary.

3-17

3-18

Answers will vary.

3-19

Answers will vary.

3-20

1. Setecientos cincuenta y cuatro menos doscientos cuarenta y seis son quinientos ocho.
2. Es el (año) dos mil…
3. Un carro Jaguar cuesta…
4. Mis clases son…
5. Estoy en… ahora.
6. Tengo… años.
7. Bebo… cuando tengo mucha sed.
8. Estoy… hoy.
9. Voy a… después de las clases.
10. Hago mi tarea de español por la…

Capítulo 4

4-1

1. quiero
2. Pienso
3. sueño
4. duermo
5. recuerdo
6. tienes
7. repito
8. prefiero
9. viene
10. pierde

11. Almorzamos
12. juego
13. sirvo
14. cuesta
15. encuentro
16. puedo
17. entiende
18. empieza
19. Tengo
20. pido

4-2

1. ¿Juegas al béisbol/tenis/fútbol?
   Sí, juego al béisbol/tenis/fútbol.
   No, no juego al béisbol/tenis/fútbol.
2. ¿Sirves la limonada?
   Sí, sirvo la limonada.
   No, no sirvo la limonada.
3. ¿Prefieres café?
   Sí, prefiero café.
   No, no prefiero café.
4. ¿Duermes doce horas?
   Sí, duermo doce horas.
   No, no duermo doce horas.
5. ¿Almuerzas todos los días?
   Sí, almuerzo todos los días.
   No, no almuerzo todos los días.
6. ¿Recuerdas los verbos irregulares?
   Sí, recuerdo los verbos irregulares.
   No, no recuerdo los verbos irregulares.
7. ¿Piensas en tus tíos en San Salvador, El Salvador?
   Sí, pienso en mis tíos en San Salvador, El Salvador.
   No, no pienso en mis tíos en San Salvador, El Salvador.
8. ¿Sueñas con estar en América Central?
   Sí, sueño con estar en América Central.
   No, no sueño con estar en América Central.
9. ¿Pides películas de misterio?
   Sí, pido películas de misterio.
   No, no pido películas de misterio.
10. ¿Empiezas a repetir el vocabulario?
    Sí, empiezo a repetir el vocabulario.
    No, no empiezo a repetir el vocabulario.
11. ¿Puedes visitar el Museo Popol Vuh?
    Sí, puedo visitar el Museo Popol Vuh.
    No, no puedo visitar el Museo Popol Vuh.
12. ¿Entiendes a tu hijo/a / novio/a / suegro/a / yerno / nuera?
    Sí, entiendo a mi hijo/a / novio/a / suegro/a / yerno / nuera.
    No, no entiendo a mi hijo/a / novio/a / suegro/a / yerno / nuera.
13. ¿Encuentras tu pasaporte?
    Sí, encuentro mi pasaporte.
    No, no encuentro mi pasaporte.

14. ¿Vuelves a Guatemala?
    Sí, vuelvo a Guatemala.
    No, no vuelvo a Guatemala.
15. ¿Repites: "Te quiero, mi amor."?
    Sí, repito: "Te quiero, mi amor."
    No, no repito: "Te quiero, mi amor."

4-3

1. I help <u>my sister</u> with her Spanish homework.
2. You visit <u>your parents</u> every weekend.
3. We want <u>the car</u> by tomorrow.
4. They need <u>the drinks</u> for the party.
5. He buys <u>some flowers</u> for his girlfriend.

4-4

1. Elena visita a su novio y lo invita a la fiesta.
2. Juan y Marta buscan la música y la ponen en el coche.
3. Carmen visita a sus amigos y los invita a la fiesta.
4. Juan compra las bebidas y las lleva a casa de María.
5. María prepara los sándwiches y los pone en el refrigerador.

4-5

1. Sí, voy a estudiarla.
   No, no voy a estudiarla.
2. Sí, voy a estudiarlo.
   No, no voy a estudiarlo.
3. Sí, voy a estudiarla.
   No, no voy estudiarla.
4. Sí, voy a estudiarlo.
   No, no voy estudiarlo.
5. Sí, voy a estudiarla.
   No, no voy estudiarla.
6. Sí, voy a estudiarla.
   No, no voy estudiarla.
7. Sí, voy a estudiarlas.
   No, no voy estudiarlas.
8. Sí, voy a estudiarla.
   No, no voy estudiarla.

4-6

1. No, no las tengo todos los sábados.
2. Sí, lo limpio todas las semanas.
3. La compro en el supermercado.
4. Sí, los visito con frecuencia.
5. Sí, los ayudo ahora.

4-7

1. a
2. blank
3. a
4. blank
5. a
6. blank
7. blank
8. a
9. blank
10. a

4-8

1. a
2. a
3. a
4. a
5. a
6. blank
7. a
8. a
9. a

4-9

1. salgo
2. salimos
3. sale
4. salen
5. sale
6. pongo
7. traes

4-10

1. Estos libros son difíciles. Ésos son fáciles.
2. Estas computadoras son nuevas. Aquéllas son viejas.
3. Estos diccionarios son grandes. Aquéllos son pequeños.
4. Esas calculadoras son muy buenas. Aquéllas son muy malas.
5. Estas películas son interesantes. Ésas son aburridas.
6. Esos profesores son exigentes. Éstos son simpáticos.

4-11

1. Estas
2. Ese
3. Aquellos
4. Esa
5. Estos

4-12

There are three possible answers for each question.

1. ésta / ésa / aquélla
2. éstos / ésos / aquéllos
3. éste / ése / aquél
4. ésta / ésa / aquélla
5. éstas / ésas / aquéllas

4-13

Answers will vary.

4-14

Answers will vary.

4-15

Answers will vary.

4-16

1. primo, abuelo
2. hermana
3. tía
4. padre

4-17

1. sobrino
2. cuñado
3. esposo
4. yerno
5. suegra
6. nietas
7. hijo

4-18

1. hermanastro
2. madrastra
3. padrastro
4. nuera

4-19

1. película
2. partido
3. entrada
4. pasear
5. soltero
6. trágico
7. unidos

4-20

Answers will vary.

4-21

Answers will vary.

4-22

1. Sí, (No, no) conozco al presidente de Honduras.
2. Sí, (No, no) tengo miembros de mi familia en Tegucigalpa. Tengo mis _____ y mis _____.
3. Sí, (No, no) traigo objetos / regalos de artesanía.
4. Sí, (No, no) te invito a acompañarme la próxima vez.
5. Sí, (No, no) sé bailar punta.
6. Me puedo comunicar por correo electrónico con _____ en San Pedro Sula.
7. Sí, éste es mi primer viaje a Honduras. No, éste no es mi primer viaje a Honduras.
8. Me gusta más _____.
9. Duermo en _____ cuando estoy en Honduras.
10. Sí, (No, no) recuerdo muchas cosas del viaje.
11. Sí, juego al fútbol y paseo en los parques en Honduras. No, no juego al fútbol o paseo en los parques en Honduras.
12. Sí, (No, no) salgo con amigos al cine con frecuencia.
13. Pongo mi computadora en _____ cuando viajo.
14. Sí, (No, no) voy a tu casa con las fotos de mi viaje.
15. Sí, pienso volver a Honduras y quiero ir a Guatemala y El Salvador.

Some answers may vary.

4-23

1. Sí, (No, no) lo conozco.
2. Si, (No, no) los tengo en Tegucigalpa.
3. Sí, (No, no) los traigo.
5. Sí, (No, no) sé bailarla. Sí, (No, no) la sé bailar.
10. Sí, (No, no) las recuerdo bien.
13. La pongo en _____ cuando viajo.

Capítulo 5

5-1

1. La madre acuesta al bebé.
2. El señor se viste (se pone la ropa; se pone la corbata).
3. El señor viste al niño.
4. El joven (El muchacho) se levanta.
5. El joven (El estudiante) levanta el secador de la cama.
6. El señor lava su coche (carro; auto; automóvil).
7. La señorita (La joven; La muchacha) se lava la cara.

5-2

1. Debes despertarte con el despertador.
2. Debes cepillarte los dientes.
3. Debes ducharte.
4. Debes afeitarte con la navaja de afeitar.
5. No debes olvidarte de las cosas que necesitas.
6. Debes acostarte.

5-3

1. Sí, Bárbara y Miguel se quieren mucho.
2. Ellos se ven todos los días.
3. Ellos se escriben mensajes electrónicos dos veces al día.
4. Ellos se encuentran en la biblioteca.
5. Sí, ellos se respetan mucho.

5-4

Answers will vary.

5-5

Answers will vary.

5-6

Answers will vary.

5-7

1. Sí, estoy de acuerdo. Los profesores tienen más trabajo que los estudiantes.
   No estoy de acuerdo. Los profesores tienen menos trabajo que los estudiantes.
   No estoy de acuerdo. Los profesores tienen tanto trabajo como los estudiantes.
2. Sí, estoy de acuerdo. Las computadoras PC son mejores que las computadoras *Macintosh*.
   No estoy de acuerdo. Las computadoras PC son peores que las computadoras *Macintosh*.
   No estoy de acuerdo. Las computadoras PC son tan buenas como las computadoras *Macintosh*.
3. Sí, estoy de acuerdo. Los hombres son más inteligentes que las mujeres.
   No estoy de acuerdo. Los hombres son menos inteligentes que las mujeres.
   No estoy de acuerdo. Los hombres son tan inteligentes como las mujeres.
4. Sí, estoy de acuerdo. Los coches americanos son tan buenos como los coches europeos.
   No estoy de acuerdo. Los coches americanos son mejores que los coches europeos.
   No estoy de acuerdo. Los coches americanos son peores que los coches europeos.
5. Sí, estoy de acuerdo. La Coca-Cola es tan buena como la Pepsi.
   No estoy de acuerdo. La Coca-Cola es mejor que la Pepsi.
   No estoy de acuerdo. La Coca-Cola es peor que la Pepsi.

6. Sí, estoy de acuerdo. Una pizza tiene menos calorías que una hamburguesa.
   No estoy de acuerdo. Una pizza tiene más calorías que una hamburguesa.
   No estoy de acuerdo. Una pizza tiene tantas calorías como una hamburguesa.
7. Sí, estoy de acuerdo. En la clase de español, los estudiantes trabajan más que las estudiantes.
   No estoy de acuerdo. En la clase de español, los estudiantes trabajan menos que las estudiantes.
   No estoy de acuerdo. En la clase de español, los estudiantes trabajan tanto como las estudiantes.

5-8

Answers will vary.

5-9

Answers will vary.

5-10

1. Guillermo es el más fascinante del grupo.
2. Lucho y Pancho son los más trabajadores del grupo.
3. Antonio es el más paciente del grupo.
4. Lola es la más extrovertida del grupo.
5. Beto y Nacho son los más interesantes del grupo.
6. Marisol es la más rica del grupo.
7. Graciela es la más delgada del grupo.

5-11

1. Roberto y Bárbara están divirtiéndose.
2. Carlos está bebiendo un refresco (una cerveza).
3. El señor Robles está leyendo un libro.
4. Raúl está quitando la mesa.
5. Nadie está sirviendo la comida.

5-12

1. The drawing will show the sofa in front of the two large windows.
2. The drawing will show the table in front of the sofa.
3. The drawing will show the armchair far from the sofa, near the small window.
4. The drawing will show the lamp between the small window and the armchair.
5. The drawing will show the bookcase against the wall near the door.
6. The drawing will show the painting on the wall where the door is, above the bookcase.
7. The drawing will show the plant on the table.
8. The drawing will show the book on top of the table.
9. The drawing will show the rug beneath the table.

5-13

1. A LA IZQUIERDA
2. JUNTO A
3. ARRIBA DE
4. SOBRE
5. ENTRE
6. ENFRENTE DE
7. EN
8. LEJOS DE
9. DENTRO DE
10. BAÑO
11. CONTRA
12. AL LADO DE
13. DELANTE DE
14. ENCIMA DE
15. A LA DERECHA
16. DEBAJO DE
17. DETRÁS DE
18. CERCA DE

19. ¿QUIÉN ENSEÑA LA CLASE?
20. WHO TEACHES THE CLASS?
21. EL/LA PROFESOR/A... ENSEÑA LA CLASE.

5-14

Answers will vary.

5-15

Answers will vary.

5-16

1. Sí, me alegro de estudiar español aquí en América Central.
2. Sí, me divierto en Managua.
3. Sí, (No,) mi novio/a en los Estados Unidos y yo (no) nos hablamos mucho por teléfono.
4. Sí, (No, no) tengo tantos años como él/ella.
5. Sí, (No,) él/ella (no) es tan amable como yo.
6. La casa en que vivo aquí en Nicaragua tiene menos (más) cuartos que mi casa en los Estados Unidos.
7. Hay... en mi casa en los Estados Unidos.
8. Mi cuarto favorito allí es...
9. Mi mueble favorito es...
10. Lavo los platos... veces a la semana. Los lavo en mi lavaplatos.
11. Sí, (No, no) plancho mi ropa.
12. Me visto en... en mi casa.
13. Me levanto a las... de la mañana allí.
14. Generalmente me acuesto a las... de la noche.
15. La persona más alta de mi familia se llama...

16. Sí, estoy estudiando español aquí en Nicaragua.
17. Estoy leyendo... ahora en mi clase de español.
18. En mi opinión... es la mejor cosa de Nicaragua.
Answers will vary.

Capítulo 6

6-1

1. Te cocina la langosta con mucha mantequilla.
2. Nos prepara un bufé para una fiesta.
3. Me dice cómo hacer la tarta de limón para mi novio.
4. Le prepara la especialidad de la casa del mejor restaurante de Santiago.
5. Le da su receta para el flan.

6-2

1. Les pone la lechuga en el refrigerador.
2. Le hace la ensalada con muchos tomates y mucha sal.
3. Le dice la verdad.
4. Le da la cerveza.
5. Le cocina una carne rosada.
6. Les compra un pastel y las galletas con chocolate.
7. Le quita la mesa.

6-3

1. trayéndole
2. Les preparo
3. darle
4. sirviéndoles
5. Le doy, le digo

6-4

Answers will vary.

6-5

1. me encanta
2. les gustan
3. nos interesan (nos encantan)
4. nos fascina
5. nos molesta
6. te molesta (te gusta)
7. le parecen
8. me quedan
9. le falta
Verb selections may vary.

6-6

Answers will vary.

6-7

1. comió
2. visitó
3. Buscó
4. Tomó
5. preparó
6. llegaron
7. abrazaron
8. sentaron
9. Miraron
10. decidieron
11. Bebieron
12. Vieron
13. Hablaron
14. tocó
15. añadió
16. gustó
17. levantaron
18. Salieron

6-8

1. busqué
2. Llegué
3. Abracé
4. expliqué
5. empecé
6. practiqué
7. Jugué
8. Almorcé
9. toqué
10. pagué

6-9

1. oyó
2. leyó
3. creyó
4. prefirió
5. sintió
6. Siguió
7. pidió
8. pidieron
9. durmieron
10. sirvieron
11. repitieron
12. sirvieron
13. pedí
14. oí
15. sirvieron
16. pidió
17. sirvió

6-10

1. BUEN
2. PROVECHO

6-11

Answers will vary.

6-12

Answers will vary.

6-13

1. Sí, (No,) en mi opinión, éste (no) es el mejor restaurante de Chile.
2. Sí, te doy el menú.
3. Me parece el (la)… el plato más popular del café.
4. Me encanta el (la)…
5. Sí, (No, no) están preparándome el salmón a la plancha también.
6. Sí, (No, no) le pedí un tenedor y una cuchara al camarero.
7. Sí, (No, no) te digo que los chefs calentaron bien el arroz. Sí, (No, no) te digo que los chefs lo calentaron bien.
8. Sí, (No, no) le echaron una cucharadita de azafrán al arroz.
9. Sí, (No, no) te paso la sal y la pimienta. De nada.
10. Merendé en… la semana pasada.
11. Sí, (No, no) vi en el artículo que Reinaldo es vegetariano.
12. Sí, (No, no) me gustó a mí. Sí, (No, no) me pareció rico.
13. Matilde y yo pedimos… aquí el año pasado.
14. Busqué… anoche en la cocina.
15. Preferí…
16. Sí, (No, no) voy a darle al camarero una buena propina.
17. Sí, (No, no) oí que hay un restaurante chileno en Chicago. Sí, (No, no) me interesa.

Some answers may vary.

Capítulo 7

7-1

Answers will vary (1–8).
RICKY MARTIN

7-2

1. vi
2. estuvo
3. Fue
4. dimos
5. tuvimos
6. estuvimos
7. vimos
8. estuve
9. tuvimos
10. Fue
11. diste
12. di

7-3

1. No quiero ver a nadie este sábado.
2. Ni vamos a una discoteca ni vamos a ver una película. No vamos ni a una discoteca ni a ver una película.
3. Nunca quiero mirar (No quiero mirar nunca) los partidos de básquetbol en la televisión.
4. No quiero hacer nada diferente este viernes.
5. No queda ninguna entrada para el concierto del domingo. No quiero ir.
6. No quiero oír ningún ritmo afrocaribeño. No vamos al club.
7. Tampoco deseo ir (No deseo ir tampoco) a la playa si hace buen tiempo el sábado por la tarde.

7-4

1. Siempre hay árbitros buenos en los partidos de básquetbol.
2. Alguien hace un picnic cuando hace fresco.
3. Algún atleta esquía si hace sol.
4. O está despejado o hay chubascos.
5. Siempre nos ponemos el traje de baño cuando hace mucho calor.
6. También hay aficionados al ciclismo o a la natación.
7. Las noticias tienen algo de interés.
8. ¡Alguno de nosotros va a bailar el merengue con alguien!

7-5

Answers will vary.

7-6

1. ¡No me digas! Mi hermano también vino aquí a la biblioteca el sábado por la mañana.
2. ¡No me digas! Elena y Ana también hicieron ejercicio.
3. ¡No me digas! Elena también quiso comprar boletos para un concierto de Marc Anthony, pero no pudo.
4. ¡No me digas! Ana también pudo reservar la cancha de tenis para el domingo.
5. ¡No me digas! Manuel también supo que su hermano juega al tenis.
6. ¡No me digas! Nosotros también le trajimos el periódico a nuestro compañero de apartamento.
7. ¡No me digas! Manuel y Pedro también les dijeron a sus novias que ganamos el partido de baloncesto el miércoles.
8. ¡No me digas! Nuestros amigos también pudieron patinar en el parque por dos horas el sábado.
9. ¡No me digas! Elena también puso un estante para libros en su dormitorio.

7-7

1. ¿Trajeron recuerdos?
   Sí, (No, no) trajimos recuerdos.
2. ¿Vinieron a casa sin problemas?
   Sí, (No, no) vinimos a casa sin problemas.
3. ¿Hicieron una visita a El Morro?
   Sí, (No, no) hicimos una visita a El Morro.
4. ¿Pudieron ir en "coco-taxi"?
   No, no pudimos ir en "coco-taxi".
5. ¿Vieron alguna pieza de ámbar?
   Sí, (No, no) vimos alguna (ninguna) pieza de ámbar.
6. ¿Pudieron visitar Boca Chica y La Romana?
   Sí, (No, no) pudimos visitar Boca Chica y La Romana.
7. ¿No quisieron ir a Haití?
   Sí, (No, no) quisimos ir a Haití.
8. ¿Conocieron a personas interesantes?
   Sí, (No, no) conocimos a personas interesantes.

7-8

Answers will vary.

7-9

Answers will vary.

7-10

1. Sí, me los comunica.
2. Sí, me los prepara.
3. No, no se las muestra.
4. Sí, se las contesta.
5. No, no me los ordena.
6. Sí, me la pregunta.

7-11

1. ¿Me prestas tus platos?
   Sí, te los presto.
   ¿Me vas a traer tus platos?
   Sí, te los voy a traer. / Sí, voy a traértelos.
2. ¿Me prestas tu mesa grande?
   Sí, te la presto.
   ¿Me vas a traer tu mesa grande?
   Sí, te la voy a traer. / Sí, voy a traértela.
3. ¿Me vas a traer vino chileno?
   Sí, te lo voy a traer. / Sí, voy a traértelo.
4. ¿Me prestas discos compactos para bailar?
   Sí, te los presto.
   ¿Me vas a traer discos compactos para bailar?
   Sí, te los voy a traer. / Sí, voy a traértelos.
5. ¿Me prestas tu cafetera?
   Sí, te la presto.
   ¿Me vas a traer tu cafetera?
   Sí, te la voy a traer. / Sí, voy a traértela.
6. ¿Me prestas tus copas?
   Sí, te las presto.
   ¿Me vas a traer tus copas?
   Sí, te las voy a traer. / Sí, voy a traértelas.

7-12

1. "Hace buen tiempo".
2. "Está nublado".
3. "Hace mucho viento".
4. "Está lloviendo".
5. "Hace mucho frío".

7-13

1. No puede practicar natación.
2. No puede practicar boxeo.
3. No puede jugar al hockey.
4. No puede jugar al béisbol.
5. No puede jugar al tenis.
6. No puede jugar al fútbol.
7. No puede practicar gimnasia.
8. No puede esquiar.
9. No puede ser aficionada.

7-14

Answers will vary.

7-15

Answers will vary.

7-16

1. No, nunca fui (no fui nunca/ninguna vez) a Cuba, Puerto Rico o la República Dominicana.
2. No, no hice ninguna fiesta caribeña el año pasado.
3. No, no conocí a nadie que pudiera ayudarme a hacer la fiesta.
4. Sí, (No, no) me las trajeron.
5. Sí, (No, no) quise invitar a un grupo de música afrocaribeña a la fiesta.
6. No, no pusieron el anuncio de la fiesta ni en el periódico de la universidad ni en el canal de televisión de la universidad.
7. Va a hacer (estar)… este fin de semana para la fiesta.
8. Supe de su programa de radio…
9. No, no le dije a nadie que tengo música de baile folklórico puertorriqueño para la fiesta. No, no se lo dije a nadie.
10. Sí, (No, no) estuve en el gimnasio ayer. Juego al… con frecuencia.

Some answers may vary.

Capítulo 8

8-1

1. Yo: Sí, (No, no) pasaba la aspiradora.
   Los clientes: Sí, (No, no) pasaban la aspiradora.
2. Yo: No, no usaba tarjetas de crédito para pagar mis compras.
   Los clientes: Sí, (No, no) usaban tarjetas de crédito para pagar sus compras.
3. Yo: Sí, (No, no) miraba los suéteres.
   Los clientes: Sí, (No, no) miraban los suéteres.
4. Yo: Sí, (No, no) organizaba las ventas-liquidación.
   Los clientes: No, no organizaban las ventas-liquidación.
5. Yo: Sí, (No, no) ponía los precios en la ropa.
   Los clientes: No, no ponían los precios en la ropa.
6. Yo: Sí, (No, no) ofrecía descuentos.
   Los clientes: No, no ofrecían descuentos.
7. Yo: Sí, (No, no) trabajaba en la caja.
   Los clientes: No, no trabajaban en la caja.
8. Yo: No, no (Sí,) me probaba los vaqueros.
   Los clientes: Sí, (No, no) se probaban los vaqueros.
9. Yo: No, no regateaba.
   Los clientes: Sí, (No, no) regateaban.

8-2

Answers will vary.

8-3

1. llevaba
2. tenía
3. era
4. eran
5. combinaba
6. iba
7. llevaba
8. combinaban
9. era
10. era
11. tenía
12. veía

8-4

1. Está en la sexta planta.
2. Está en la tercera planta.
3. Está en la primera planta.
4. Está en la cuarta planta.
5. Está en la novena planta.
6. Tiene que ir a la décima planta.
7. Está en la octava planta.
8. Está en la segunda planta.
9. Tiene que ir a la séptima planta.

8-5

1. Quinto piso, por favor.
2. Segundo piso, por favor.
3. Primer piso, por favor.
4. Tercer piso, por favor.
5. Sexto piso, por favor.
6. Décimo piso, por favor.
7. Séptimo piso, por favor.
8. Noveno piso, por favor.
9. Cuarto piso, por favor.

8-6

1. Eran
2. era
3. salí
4. caminé
5. Hacía
6. había
7. llegué
8. busqué
9. compré

10. estaba
11. eran
12. fui
13. vi
14. quería
15. hacía
16. decidí
17. pagué
18. era
19. costó
20. veía
21. iba
22. encontré
23. entré
24. gasté
25. costaron
26. Volví

8-7

1. Había
2. vivían
3. se probaba
4. decía
5. era
6. gustaba
7. quedaban
8. se enojaban
9. devolvían
10. compraban
11. decidieron
12. era
13. hablaron
14. dijo
15. hacía
16. añadió
17. hice
18. podía
19. faltaba
20. estaba
21. bajaron

8-8

1. El inca construía una terraza cuando empezó a llover.
2. Los dos incas escalaban la montaña cuando el sol salió.
3. Las incas vendían pulseras de muchos colores cuando la mujer les habló.
4. Los incas visitaban Machu Picchu cuando Hiram Bingham la descubrió.

8-9

1. Eran
2. Hacía
3. había
4. dormía
5. era
6. Tenía
7. entraron
8. era; Tenía
9. era; Traía
10. Robaron
11. salían; sonó
12. llegó
13. Capturó
14. dijeron
15. respondió
16. llevó

8-10

1. fui
2. miraba; hablaba/habló
3. preguntó; usaba
4. contesté; pregunté; podía
5. dijo
6. entré
7. Eran; salí
8. quise
9. estaba
10. Decidí
11. Pagué
12. salí; hacía; llovía
13. estaba; costó
14. quedaba

8-11

1. Normalmente no se regatea en las tiendas en un centro comercial.
2. Normalmente sí se compran vaqueros en un centro comercial.
3. Normalmente no se duerme en un sillón en un centro comercial.
4. Normalmente sí se come en un restaurante en un centro comercial.
5. Normalmente no se lleva un traje de baño en un centro comercial.
6. Normalmente sí se buscan artículos en rebaja en un centro comercial.
7. Normalmente sí (no) se paga en efectivo en un centro comercial.

8-12

Answers will vary.

8-13

1. ¿A qué hora se cierra?
   Se cierra… (a las nueve.)
2. ¿Dónde se ponen los vestidos?
   Se ponen… (en el estante grande.)
3. ¿Dónde se guardan los abrigos?
   Se guardan… (en el estante de la izquierda.)
4. ¿Cuándo se trabaja más?
   Se trabaja más… (los sábados.)
5. ¿Cuándo se almuerza?
   Se almuerza… (a las doce.)
6. ¿Se puede(n) hacer sugerencias al gerente?
   Sí, (No, no) se puede(n) hacer sugerencias al gerente.
7. ¿Cómo se anuncian las rebajas?
   Se anuncian… (en el periódico.)
8. ¿Dónde se colocan los pantalones?
   Se colocan… (en el estante de la derecha.)
9. ¿Qué tipo de ropa se vende más?
   Se vende/n más… (la ropa deportiva/los vaqueros.)
10. ¿Se puede salir temprano?
    Sí, (No, no) se puede salir temprano.

Answers may vary.

8-14

Answers will vary.

8-15

Answers will vary.

8-16

1. la joyería / el almacén
2. la droguería / la farmacia
3. la perfumería / la droguería
4. la farmacia
5. la heladería
6. la librería
7. la zapatería
8. el almacén / la tienda de…
9. el almacén / la tienda de…
10. la florería
11. la papelería
12. la joyería / el almacén
13. el almacén / la tienda de…
14. el almacén / la tienda (de artículos de cuero)
15. la droguería / la farmacia

8-17

Answers will vary.

8-18

Answers will vary.

8-19

1. El primer país que visité fue…
2. El segundo país que visité fue…
3. Sí, (No, no) iba con frecuencia a las tiendas.
4. Veía a… con mucha frecuencia.
5. Sí, (No, no) visité Quito.
6. Salí del Ecuador a las…
7. … en Sudamérica.
8. Pasé… en el Perú.
9. Sí, (No, no) fui al Lago Titicaca.
10. Se permite… allí.
11. Compré… en mi viaje.
12. Se venden en…
13. Hacía… en el Ecuador. Hacía… en el Perú.
14. Compré…
15. Era(n) la(s)… cuando llegué al Perú.
16. Ese (Este) suéter de lana peruana me costó… nuevos soles.
17. Estuve en el… piso del hotel en Lima. Estuve en el… piso del hotel en Quito.
18. Comía… para el desayuno todos los días.
19. … (Imperfect) en Machu Picchu cuando el/la guía turístico/a llegó.
20. Sí, (No, no) me gustó el viaje.

Answers will vary.

Capítulo 9

9-1

1. por
2. para
3. por
4. por
5. por
6. por
7. para
8. Para
9. Por
10. por

9-2

1. para
2. Por/Para; para
3. Por; para
4. por
5. para; por
6. Por; para/por; para

9-3

1. para
2. Por; Por
3. por
4. por; por
5. Por; para; para
6. para; Para
7. para
8. Por; Por; por; por; por; Por; para
9. para
10. Por; para; por
11. para
12. por
13. para; para
14. Por; para

9-4

1. directamente
2. increíblemente
3. rápidamente; pacientemente
4. tranquilamente; elegantemente
5. tristemente
6. animadamente
7. alegremente
8. fácilmente
9. enormemente; Frecuentemente
10. lentamente
11. Afortunadamente; solamente; maravillosamente

9-5

1. increíblemente
2. amablemente
3. Normalmente
4. inmediatamente
5. particularmente
6. profundamente
7. Generalmente
8. rápidamente
9. difícilmente
10. especialmente
11. inmediatamente
12. Desafortunadamente
13. especialmente
14. fantásticamente

9-6

Answers will vary.

9-7

1. Les aconsejo que ustedes compren un pasaje de ida y vuelta.
2. Es importante que la agencia les dé información turística.
3. Sugiero que ustedes pidan los servicios de un guía.
4. Insisto en que ustedes lleguen al aeropuerto con tiempo.
5. Les recomiendo que ustedes hagan cola para abordar el avión inmediatamente.
6. Deseo que ustedes estén contentos con el hospedaje.
7. Espero que ustedes tengan una experiencia maravillosa.

9-8

1. pregunte
2. diga
3. recomiende
4. aconseje
5. sugiera
6. haga
7. empiece

9-9

1. Te aconsejo que viajes a muchos países.
2. Insisto en que conozcas muchas culturas diferentes.
3. Te sugiero que aprendas a usar la computadora bien.
4. Te pido que busques una escuela de turismo buena.
5. Quiero que encuentres un buen trabajo después de graduarte.
6. Deseo que tengas mucho éxito.

9-10

1. Desea que sus admiradores puedan escuchar su música fácilmente.
2. Desea que sus amigos conversen con ella a menudo.
3. Desea que su música sea alegre.
4. Desea que la gente respete los derechos de autor de los artistas.
5. Desea que su familia sea feliz.
6. Desea que en Colombia haya paz permanentemente.
7. Desea que su agente le consiga conciertos en Europa.

9-11

Answers will vary.

9-12

Answers will vary.

9-13

Answers will vary.

9-14

Answers will vary.

9-15

Answers will vary.

9-16

Answers will vary.

9-17

1. Fui a…
2. Sí, (No, no) hice reserva. La hice en (una **agencia** de viajes).
3. Sí, (No, no) usé un folleto para informarme **del** viaje.
4. Pagué… por…
5. Fui allí para… / Fui allí porque… / (Fui allí **de** vacaciones.)
6. Lo pasé (increíblemente bien/maravillosamente/ enormemente bien/generalmente bien).
7. Le/Te recomiendo que [verbo subjuntivo] para cuando viaje/viajes.
8. Sí, (No, no) quiero que usted/tú sepa/s algo (nada) más de mi viaje. Quiero que usted/tú sepa/s que…
9. Le/Te aconsejo que (monte/s a caballo y que pesque/s; Le/Te recomiendo que nade/s en el mar…) cuando vaya/s de viaje.

Answers will vary.

Capítulo 10

10-1

1. Leamos un cuento de aventuras.
2. Hagamos un dibujo en el cuaderno.
3. Durmamos un poco.
4. Juguemos un video juego.
5. Llamemos por teléfono a tus amigos.
6. Bebamos leche.

10-2

1. hagámoslo
2. escuchémosla
3. comamos
4. vayamos
5. viajemos
6. salgamos

10-3

1. Que no fumes.
2. Que te tomes la temperatura.
3. Que bebas mucho líquido.
4. Que tomes una aspirina.
5. Que hagas una cita con el médico mañana.
6. Que trates de dormir.

10-4

1. llames
2. hagas
3. ponga
4. cancelemos
5. tomemos
6. ordene

10-5

1. estés
2. subas
3. tenga
4. haya
5. se mantenga
6. hagan
7. padezca
8. vayan

10-6

Answers will vary. However, all responses will require a verb in the subjunctive.

10-7

1. ¡Ojalá que usted haga jogging todos los días!
2. ¡Ojalá que usted adelgace!
3. ¡Ojalá que usted esté a dieta por tres meses!
4. ¡Ojalá que usted no fume cigarrillos nunca más!
5. ¡Ojalá que usted beba menos bebidas alcohólicas!
6. ¡Ojalá que usted coma menos grasa y carbohidratos!
7. ¡Ojalá que usted baje su colesterol con más ejercicio!
8. ¡Ojalá que usted se mejore y guarde la línea!

10-8

Answers will vary. However, all responses will require a verb in the subjunctive.

10-9

1. "… usted no necesite cirugía".
2. "… usted esté enferma".
3. "… usted no tenga un problema con los ojos".
4. "… le duela el estómago y necesite la radiografía".

Answers will vary.

10-10

1. voy
2. bajo
3. haya
4. tenga
5. es
6. da
7. conozca
8. Vamos
9. empiece
10. sienta

10-11

Answers will vary. However, numbers 1, 3, 4, 5, and 6 require the subjunctive. Numbers 7 and 8 must use the indicative. Number 2 may use either mood.

10-12

1. la garganta
2. la cabeza
3. la sangre
4. la pierna/el pie/la rodilla
5. los dientes/las muelas
6. los pulmones
7. el brazo

10-13

1. el/la paciente
2. la prueba/el examen físico
3. los antibióticos
4. recetar
5. guardar cama
6. hacer una cita

10-14

Answers will vary.

10-15

Answers will vary.

10-16

1. Hagamos jogging. / Levantemos pesas. / Comamos menos y mejor.
2. Dejemos de fumar.
3. Que llames al doctor/médico.
4. Espero que no comas helado o bebas leche.
5. Ojalá que bebamos menos alcohol.
6. Quizás cocinemos en casa. / Quizás ya no comamos en McDonald's.

Answers will vary.

Capítulo 11

11-1

1. traduce
2. repare
3. quita
4. conseguir
5. prepare
6. examine
7. corte
8. tenga
9. sabe
10. use

11-2

1. Es extraño que tu despacho sea el más grande de la compañía.
2. Es dudoso que tu jefe deje el trabajo y que tú vayas a ser el nuevo jefe.
3. Es increíble que a tu supervisor le guste mucho tu expediente.
4. Es imposible que tu bonificación anual cueste a la compañía miles de dólares.
5. No es verdad que el director de tu compañía conozca a Benjamin Bratt.
6. Es improbable que el presidente del Uruguay te escriba una recomendación.

Answers will vary.

11-3

Answers will vary. However, all must be in the subjunctive mood.

11-4

Answers will vary.

11-5

1. Estacione en el estacionamiento para los empleados.
2. No traiga bebida ni comida al teatro.
3. Hable en voz baja cuando esté trabajando.
4. Recoja las entradas en la puerta.
5. No entre en el teatro después de empezar la función.
6. Esté preparado en todo momento.

11-6

1. Mantenga la cabeza levantada.
2. No se separe de su pareja.
3. Dé la vuelta a la derecha.
4. Camine tres pasos.
5. Sienta la música.
6. Escuche el ritmo del acordeón.

11-7

1. Hagan muchas preguntas al dependiente.
2. Busquen algunos cupones de descuento.
3. No compren una computadora barata.
4. Contraten los servicios de correo electrónico.
5. No se olviden de comprar discos para la computadora.
6. Tengan cuidado al instalarla.
7. Tomen una clase de computación.

11-8

1. lleguen
2. llamen
3. tenga
4. vea
5. se sientan
6. lleguen
7. sepan
8. termine
9. presente

11-9

1. sea
2. sepa
3. termine
4. acabe
5. llegue
6. dé
7. pida

11-10

1. el desempleo
2. la meta
3. jubilarse/retirarse
4. la vacante
5. capaz
6. el/la abogado/a
7. el/la analista de sistemas/el/la secretario/a
8. despedir

11-11

Posibles respuestas, entre otras:

1. en
2. tren
3. miento
4. entre
5. trate
6. amén
7. mentir
8. rento
9. renta
10. reno
11. mitra
12. minora
13. minero
14. menor
15. tramo
16. trato
17. imán
18. arte
19. ante
20. entrena
21. minar
22. armo
23. era
24. tonta
25. tomar

etc.

11-12

Answers will vary.

11-13

Answers will vary.

11-14

1. ... que yo hablo español.
2. ... que yo salga temprano los lunes.
3. ... que yo (tenga una computadora nueva).
4. ... (usted quiera).
5. ... (esté enfermo/a).
6. ... (terminen las clases).
7. ... "Tráigame el expediente, por favor".
8. ... "No se levante, por favor".
9. ... "Dícteme la carta, por favor".

Answers will vary.

Capítulo 12

12-1

1. Ya los he archivado.
2. Ya la he imprimido.
3. Ya lo he desconectado.
4. Ya la he mirado.
5. Ya lo he apagado.
6. Ya lo he sacado. / No he puesto ninguno.
7. Ya lo he cerrado.
8. Ya la he encendido.
9. Ya lo he puesto.

12-2

1. Mi padre ha confirmado las reservas del hotel.
2. Mi hermano/a y yo hemos arreglado nuestra ropa.
3. Mi hermano/a ha seleccionado los CD de música que va a llevar.
4. Yo he preparado mi equipo de fotografía.
5. Todos nosotros hemos llamado a nuestros amigos.
6. Mi madre ha comprado una guía de Nuevo México.

12-3

1. Sí, ya los he recogido.
2. Sí, ya la he puesto en cajas.
3. Sí, ya los he limpiado bien.
4. Sí, ya la ha cambiado.
5. Sí, ya he ido.
6. Sí, ya las hemos devuelto.
7. Sí, ya ha escrito a la compañía de agua.
8. Sí, ya lo han visto.

12-4

1. hayas comprado
2. hayas conseguido
3. haya dado
4. hayas visitado
5. hayas fotocopiado
6. hayan regalado
7. hayas hecho
8. hayan servido
9. hayas mandado

12-5

1. Es una pena que el autobús haya llegado tarde.
2. Es imposible que no hayas hecho muy bien la entrevista.
3. Ojalá que no hayan entrevistado a muchos candidatos.
4. Dudo que no hayan recibido tus cartas de recomendación
5. Ojalá que el examen te haya salido bien.
6. Me sorprende que no hayas podido terminar tu proyecto de programación.

12-6

1. La terminaré mañana.
2. Los podré leer mañana.
3. La programaré mañana.
4. Las pediré mañana.
5. Lo haré mañana.
6. Tendré tiempo mañana. / Lo instalaré mañana.
7. Las pondré en el cubo de reciclar mañana.

12-7

1. ¿Sacarás dinero del cajero automático?
2. ¿Harás ejercicio?
3. ¿Llamarás por tu teléfono móvil?
4. ¿Saldrás con tu novio/a?
5. ¿Vendrás a la universidad el domingo?
6. ¿Tendrás amigos en tu casa?
7. ¿Verás televisión por antena parabólica?
8. ¿Pondrás tus papeles en orden?
9. ¿Podrás ver una película en DVD?

12-8

1. Nosotros estaremos en Buenos Aires por tres días.
2. Después los papás de los niños saldrán para Mendoza.
3. Yo cuidaré al niño y a la niña.
4. Nosotros tendremos que comer en restaurantes durante el viaje.
5. Yo querré ver bailar el tango.
6. Ustedes podrán llamarme todas las semanas.
7. Yo les diré todo lo que hago.
8. Yo trabajaré diez horas al día, pero me pagan muy bien.
9. Nosotros lo pasaremos fantástico.
10. Yo vendré a casa muy feliz.

12-9

1. Pensará invitar al/a la chico/a a casa para comer postres.
2. No tendrá dinero.
3. Habrá problemas con el cable.
4. Será de mi compañero/a.
5. No querrá gastar electricidad.
6. Estará buscando otro trabajo.
7. Irá a su casa este fin de semana.

12-10

1. Le escribiría una carta al editor del periódico.
2. Protestaría en contra de las empresas que contaminan.
3. Se lo diría al banco.
4. Podría comprarme un nuevo contestador automático.
5. Comería fruta del cactus; Bebería líquido del cactus; Comería insectos y serpientes, etc.
6. Encendería mi computadora y conectaría a la Red.

Answers will vary.

12-11

1. iría
2. manejaría
3. compraría
4. pondría
5. haría
6. tendría
7. vendría
8. saldría
9. viajaría

12-12

Answers will vary.

12-13

Answers will vary.

12-14

Answers will vary. However, all must use the conditional of probability.

12-15

1. comas
2. Ven; duermas
3. Tráeme
4. Dime
5. pon

6. Quédate; Come
7. pienses; Limpia
8. consumas
9. te vayas; Ten; Hazme
10. Ve
11. Muéstramelo
12. Sal
13. Escríbenos
14. llores; Sé

12-16

1. Recíclalos
2. Consume
3. pongas
4. conduzcas
5. Protege; cortes
6. vayas; camina; cómprate

12-17

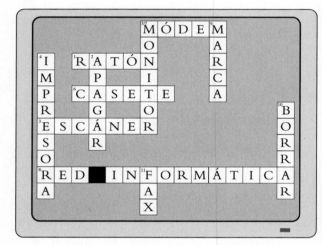

1. RATÓN
2. APAGAR
3. ESCÁNER
4. IMPRESORA
5. MONITOR
6. CASETE
7. MÓDEM
8. RED INFORMÁTICA
9. MARCA
10. BORRAR
11. FAX

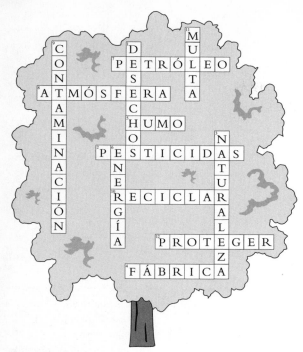

1. DESECHOS
2. PESTICIDAS
3. NATURALEZA
4. FÁBRICA
5. HUMO
6. ENERGÍA
7. PETRÓLEO
8. ATMÓSFERA
9. CONTAMINACIÓN
10. RECICLAR
11. MULTA
12. PROTEGER

12-19

Answers will vary.

12-20

Answers will vary.

12-21

Answers will vary.

12-22

1. Sí, (No, no) he visto algunos de los efectos (ningún efecto) de la deforestación.
2. Si destruimos las selvas del mundo no tendremos oxígeno para respirar.
3. Sí, habrá universidades en el futuro. No tendremos clases solamente por computadora. No, no habrá universidades en el futuro. Tendremos clases solamente por computadora.
4. En el futuro le diré a mi hijo/a: "No contamines el planeta".

5. Le dije a mi familia…
6. … Recicla
7. Deberíamos conservar los recursos/los envases de aluminio/la energía/el petróleo en el futuro.
8. Sí, (No, no) he leído/oído/descubierto algo (nada) muy interesante acerca del futuro.
9. Será…

Answers will vary.

Capítulo 13

13-1

1. vendiera
2. obedeciera
3. quisiera
4. se casara
5. atara; la llevara
6. la ayudara
7. liberara
8. saliera
9. fuera
10. tuvieras
11. amaras
12. me atacaras
13. indicaran
14. hiciera
15. asistiera
16. estuviera; volviera
17. empezara; pudiera
18. estuvieras

13-2

1. Era importante que yo leyera mi horóscopo.
2. El editor prohibió que el reportero escribiera esa información en el artículo.
3. Ojalá que ellos no cancelaran la cartelera.
4. Era necesario que tú me dieras las tiras cómicas.
5. Tú querías que yo te dijera el nombre de la primera actriz.
6. Te alegrabas de que yo pusiera la primera plana en tu escritorio.
7. Yo dudaba que los periodistas pudieran escribir un artículo mejor.
8. Yo temía que tú no me trajeras la sección financiera.
9. Esperábamos que una persona ofreciera boletos en los anuncios clasificados para el concierto de Alejandro Sanz.
10. Yo sentía que no viniera la crónica social en el periódico hoy.
11. Era increíble que el periódico quisiera eliminar el consultorio sentimental.
12. Era extraño que no hubiera un artículo sobre Penélope Cruz.

13-3

1. mía; tuya
2. suyo
3. vuestro/suyo; nuestro
4. vuestras/suyas; mías
5. mío
6. nuestras

13-4

1. Los nuestros
2. La mía
3. El mío
4. Los tuyos
5. La nuestra
6. Las tuyas

13-5

Answers will vary. However, all responses will require the present indicative.

13-6

Answers will vary. However, all verbs in the first clause will require the present tense, and all verbs in the second clause will require the future tense.

13-7

1. Si el galán y la primera actriz se enamoraran, los espectadores estarían más atentos.
2. Si el final fuera feliz, la película podría ser apta para menores.
3. Si la acción se ubicara en el extranjero, tú viajarías a otro país.
4. Si el director orientara a los actores primero, los actores harían menos errores.
5. Si tú contrataras a actores jóvenes, la gente joven vendría a ver tu obra.
6. Si los actores memorizaran bien las líneas, ellos tendrían menos trabajo al filmar las escenas.

13-8

Answers will vary. However, all responses will require the conditional tense.

13-9

1. Si no existiera el correo electrónico,…
2. Si no pudiéramos usar computadoras,…
3. Si no hubiera aviones,…
4. Si no existieran vacunas infantiles,…
5. Si no tuviéramos un programa de donación de órganos,…
6. Si no existieran los coches,…
7. Si no tuviéramos la televisión,…

Answers will vary. However, the second verb must always be conditional tense.

13-10

Answers will vary.

13-11

Answers will vary.

13-12

1. Inés habrá escrito las preguntas para las entrevistas.
2. Los productores habrán preparado la conexión.
3. Los camarógrafos habrán filmado las pruebas.
4. La maquilladora le habrá puesto maquillaje a Inés.
5. Inés habrá leído el guión.
6. El público habrá entrado en el estudio.

13-13

1. Cuando nosotros nos graduemos ya habremos participado en proyectos humanitarios.
2. Cuando mis compañeros/as se gradúen ya habrán escrito un *currículum vitae*.
3. Cuando Scott se gradúe ya habrá visto muchos partidos del equipo de la universidad.
4. Cuando nosotros nos graduemos ya habremos vivido un semestre en otro país.
5. Cuando yo me gradúe ya habré completado todos los requisitos.
6. Cuando Eva y Teresa se gradúen ya habrán hecho mucho trabajo voluntario.

13-14

Answers will vary. However, all responses will require the conditional perfect tense.

13-15

1. locutor
2. revisar
3. esquela
4. informar
5. principio
6. titular
7. galán
8. concurso
9. *Answers will vary.*

13-16

Answers will vary.

13-17

Answers will vary.

13-18

1. … visitara la Alhambra/la visitara.
2. Sí, mi familia temía que no viera la Sagrada Familia en Barcelona.
3. Sí, mis amigos deseaban que paseara por las Ramblas con ellos.
4. … comiera gazpacho andaluz y paella valenciana/los comiera.
5. … pudiera conocer el país vasco/pudiera conocerlo.
6. … mía.
7. … sería… fuera a Santiago de Compostela.
8. … habré ido a las Islas Canarias para julio.
9. … habría (viajado en los Estados Unidos si hubiera nacido en España en vez de los Estados Unidos).

Some answers may vary.

Capítulo 14

14-1

1. Hace… años que se derrumbó el muro de Berlín.
Se derrumbó el muro de Berlín hace… años.
2. Hace… años que México consiguió la independencia de España.
México consiguió la independencia de España hace… años.
3. Hace… años que se inauguró el canal de Panamá.
Se inauguró el canal de Panamá hace… años.
4. Hace… años que Cristóbal Colón llegó a América.
Cristóbal Colón llegó a América hace… años.
5. Hace… años que España recuperó la democracia.
España recuperó la democracia hace… años.
6. Hace… años que el terrible terremoto de la Ciudad de México ocurrió.
El terrible terremoto de la Ciudad de México ocurrió hace… años.
7. Hace… años que España perdió el territorio de Puerto Rico.
España perdió el territorio de Puerto Rico hace… años.

14-2

Answers will vary.

14-3

Answers will vary.

14-4

1. Victoria y Jaime Codina habían escuchado un disco de *Aída*.
2. La Sra. Codina había comprado los boletos.
3. La Sra. Codina y su hija habían elegido un vestido para la ópera.
4. El Sr. Codina había hecho una reservación en un restaurante de lujo.
5. Toda la familia había cenado en un restaurante elegante antes de ir a la ópera.

14-5

1. Había organizado un programa educativo para difundir la música clásica.
2. Había pagado los estudios de muchos artistas jóvenes.
3. Había donado mucho dinero para las artes en general.
4. Había desarrollado programas culturales para niños.
5. Había creado un programa para donar instrumentos musicales a las escuelas.
6. Había ayudado a compositores jóvenes.

14-6

1. Era indispensable que hubieras aprendido a tocar la guitarra clásica.
2. Si hubieras escrito la pieza para violín, habrías sido famoso/a.
3. Ojalá que hubieras oído cantar ópera a la soprano.
4. Esperábamos que hubieras compuesto una sinfonía para piano y viola.
5. Tal vez si hubieras visitado el museo, habrías visto las obras de Picasso.

14-7

1. hubieras tocado
2. hubieran venido
3. hubieran estudiado
4. hubiera roto
5. hubiera puesto
6. hubiéramos oído
7. hubiera vuelto
8. hubiera visto
9. hubieran cubierto
10. hubieran hecho

14-8

1. me hubieras dicho
2. nos hubiera escrito
3. hubieran estudiado
4. hubiera ido
5. hubiera tocado
6. hubiera comprado
7. hubiéramos descubierto

© 2008 Pearson Education, Inc.

Answer Key **251**

Capítulo 15

14-9

Answers will vary.

14-10

1. hubiera visitado
2. hubiera traído
3. hubiera tenido
4. hubiera llegado
5. me hubieras mirado
6. me hubieras oído
7. hubieras abierto
8. hubieras conocido; me hubiera rescatado

14-11

A 1. ARDIDOEAÑS
   DISEÑADORA

R 2. EOLRCPTOEI
   TERCIOPELO

E 3. LCMOOD
   MODELO

R 4. ARMELESTIA
   MATERIALES

R 5. ANDEPR
   PRENDA

E 6. LTCEENAG
   ELEGANTE

H 7. EOBINHEHC
   BIEN HECHO

14-12

Answers will vary.

14-13

Answers will vary.

14-14

Answers will vary.

14-15

1. Si no hubiéramos sido "la familia real" de la guitarra española, habríamos…
2. Había trabajado en… antes de ser bailarín clásico.
3. Hace más de… años que soy considerada la primera diseñadora latinoamericana.
4. Sí, estaba contenta de que Diego se hubiera casado conmigo.
5. … que yo hubiera sido algo diferente que un tenor de ópera.
6. Hace… años que pinté el *Guernica*.

Answers will vary.

15-1

1. nos entiendan
2. quieran
3. vaya
4. permitan
5. tengan
6. nos conteste
7. pueda
8. envíe
9. esté

15-2

1. conozca
2. pueda
3. sirva
4. conteste
5. venga
6. ponga
7. nos dé

15-3

Answers will vary.

15-4

1. que
2. Lo que
3. lo que
4. que/quien
5. que/quienes
6. quien
7. que
8. lo que
9. quienes

15-5

1. que
2. quien
3. quien
4. quien
5. que
6. lo que
7. que
8. que; Juan Carlos
9. que
10. quien
11. que/quien
12. lo que
13. que
14. lo que

15-6

1. Lo que me importa ver en la política es...
2. Lo que deseo hacer en el futuro es...
3. Lo que me gusta ver en la televisión es...
4. Lo que me interesa para mi familia es...
5. Lo que debe hacer la Organización de las Naciones Unidas es...
6. Lo que necesito para tener éxito en mi vida es...
7. Lo que me fascina del idioma español es...
8. Lo que me encanta de la clase de español es...

Answers will vary.

15-7

1. No, se me quedaron en la oficina.
2. Lo siento, se me mojaron con la lluvia.
3. No, se me rompió la máquina fotocopiadora.
4. ¡Ay no! Se me quemaron al calentarlos.
5. No pude. Se me terminó el papel.
6. Perdóneme, pero se me cayeron por el balcón.
7. Se me ocurre una idea. / Se me ocurrió una idea. Cancelemos el mitin.

15-8

1. Se me rompió.
2. Se me perdió.
3. Se me olvidó en la oficina.
4. Se me mancharon esta mañana.
5. Se me deshizo la manga ayer.
6. Se me encogió la última vez que la lavé.
7. Se me terminó.
8. Se me quemó en la chimenea.

15-9

1. Las drogas fueron afrontadas enérgicamente.
2. El crimen fue eliminado de muchas zonas.
3. Los programas sociales fueron mejorados.
4. Las enfermedades infantiles fueron combatidas.
5. La inflación fue controlada.
6. Los beneficios sociales fueron aumentados.
7. Todas sus promesas electorales fueron cumplidas.

15-10

1. Las minorías no fueron apoyadas por el gobierno.
2. Las enfermedades no fueron reducidas en estos grupos sociales.
3. La pobreza no fue eliminada por el gobierno completamente.
4. Las escuelas públicas no fueron mejoradas por el gobierno.
5. Las drogas no fueron controladas eficazmente en los barrios pobres.
6. El crimen y la delincuencia no fueron combatidos enérgicamente.

15-11

1. pero
2. sino
3. sino que
4. pero
5. sino que
6. sino
7. sino

15-12

1. sino que
2. sino
3. pero
4. sino
5. sino que
6. pero

15-13

1. CONFLICTO
2. DISCURSOS
3. DICTADOR
4. MANTENER
5. ABOLIR
6. COMBATIR
7. ARMAS
8. ESFUERZO
9. FORTALECER
10. DERECHOS
11. DESEMPLEO
12. FIDEL CASTRO

15-14

Answers will vary.

15-15

Answers will vary.

15-16

1. Me llamo...
2. Soy (azteca/maya/inca).
3. ... sea (duradera).
4. ... me sirva (con honor).
5. con quien
6. Se me ocurrió decirle al jefe la última vez que lo vi que (es un buen jefe).
7. Esas pirámides fueron construidas por (mis amigos/as y yo).
8. Lo que haría si viviera en el presente contigo es...
9. ... sino con (Madonna/Julia Roberts/Antonio Banderas); ... sino que quiero hablar con (Britney Spears/Brad Pitt).

Answers will vary.